GRUNDLAGEN UND GEDANKEN ZUM VERSTÄNDNIS DES DRAMAS

PETER HANDKE: KASPAR

von

RENATE VORIS

VERLAG MORITZ DIESTERWEG

Frankfurt am Main · Berlin · München

Die Reihe wird herausgegeben von Hans-Gert Roloff.

CIP-Kurztitelaufnahme der Deutschen Bibliothek

Voris, Renate:
Peter Handke: Kaspar / von Renate Voris. – 1. Aufl. –
Frankfurt am Main; Berlin; München: Diesterweg, 1984.
(Grundlagen und Gedanken zum Verständnis des Dramas)
ISBN 3-425-06064-3

Fotos:
Günter Englert, Frankfurt (Seiten 50, 58 und 59 oben).
Rudolf Holtappel, Oberhausen (Seite 59 unten).

ISBN 3-425-06064-3

1. Auflage 1984

Umschlaggestaltung: Reinhard Schubert, Frankfurt am Main

Gesamtherstellung: graphoprint, Koblenz

Inhalt

1 Allgemeine Grundlagen

1.1 Literarhistorische Voraussetzungen: Drama und Theater seit 1945

»Das Genie lacht über alle die Grenzscheidungen der Kritik.« Jene Bemerkung Lessings zu bedenken, scheint sinnvoll für diejenigen, die beabsichtigen, die Entwicklung szenischer und theatralischer Texte im deutschsprachigen Raum seit 1945 zu skizzieren, Gemeinsamkeiten und trennende Elemente zu beschreiben und die Entstehung neuer Varianten zu erklären. Eine Vielfalt von Inhalten, Stilen und Dramaturgien sowie Terminologien widersetzt sich zunächst einer gültigen und eindeutigen Klassifizierung, zumal für viele Autoren, darunter auch Peter Handke, Klassifizierung ihrer literarischen Position einer der Schrecken ist, gegen den sie sich schreibend und redend wehren. Trotzdem ist, ausgehend von dem Stoff, der Thematik, der Figurenkonstellation, dem Handlungsablauf, der Idee, der Sprache und dem Stil (= Aussage) sowie der mit diesen Strategien intendierten Wirkung auf die Zuschauer, eine Einordnung und Abgrenzung möglich, erleichtert durch Einbeziehung des historisch-sozialen Kontextes. Vorauszuschicken ist, daß hinsichtlich theoretischer Überlegungen zum Genre von seiten der Autoren (und Kritiker) grundsätzlich gilt, was Peter Szondi über Drama und Theater der Moderne konstatierte, nämlich: »die Poetik der neueren Zeit beruht wesentlich auf dem Werk des Aristoteles, ihre Geschichte ist dessen Wirkungsgeschichte« (Szondi, S. 7). Dies führt direkt zu Bertolt Brecht, der überragenden Figur der Theatergeschichte des 20. Jahrhunderts im allgemeinen und der deutschsprachigen Dramatik seit 1945 im besonderen, speziell zu der Neubestimmung der gesellschaftlichen Funktion der Bühne und der Neubeantwortung der für die Ästhetik grundsätzlichen Frage nach dem Verhältnis von Politik und Theater. Denn Brechts Formulierung eines nicht-aristotelischen (= epischen) Theaters erkennt gerade damit die Vormachtstellung der aristotelischen Dramaturgie und ihrer poetologischen Normen an. Beide, sowohl die epische wie die aristotelische Dramaturgie, haben deshalb die Theoretiker und Praktiker zeitgenössischen Theaters provokant und konstant beschäftigt und beeinflußt.

Im Zentrum steht dabei die Figur des Zuschauers und die Frage nach dem, was das Theater als gesellschaftliche Institution noch oder wieder leisten kann. Brechts Kritik am aristotelischen Einfühlungstheater und dem daraus abgeleiteten Katharsisbegriff – der Reinigung des innerseelischen Zustandes der Zuschauer durch Furcht und Mitleid – führte zu seiner Theorie eines epischen Theaters, das durch die Technik der Verfremdung die kritische Haltung des Publikums dem Stoff gegenüber wünscht, mit dem Ziel und Zweck der kritischen Erkenntnis der (geschichtlichen und sozialen) *Ursachen* des Geschehens. An Stelle von Furcht und Mitleid setzte Brecht »Wissensbegierde« und Reflexion, die in ihrem emanzipatorischen Effekt zum »Weiterdenken« (Brecht), also praktisch zur Veränderung gesellschaftlicher Zustände führen sollte. Aufgegeben wird in dieser Darstellungs- und Wirkungsästhetik weitgehend der Anspruch auf die Illusion, daß die Bühne die Welt abbilde. Statt dessen soll sie, insbesondere in der Figur des Schauspielers, vertraute Vorgänge zwar zeigen, zugleich aber auch verdeutlichen, daß sie sie zeigt, d.h., die Figur soll ihre Rolle nicht »verkörpern«, sondern »zitieren«: sie muß – um mit Walter Benjamin zu sprechen – »mit Kunst aus der Rolle fallen«. Erst dadurch werden die Zuschauer an der Identifikation mit der Figur gehindert und in einer kritisch-rationalen Haltung als Voraussetzung für jene praktische Zielsetzung einer Veränderung der Welt gefördert.

Der Einfluß Brechts, insbesondere seine Parabeltechnik und Definition der Bühne als einer »Stätte der Unterhaltung und Belehrung« (B. Brecht, Gesammelte Werke. Frankfurt/M. 1967, Bd. 15, S. 275), war in der unmittelbaren Nachkriegssituation am stärksten in den Dramaturgien der Schweizer Schriftsteller Max Frisch und Friedrich Dürrenmatt spürbar, deren Stücke das Zürcher Schauspielhaus zur renommiertesten Bühne jener Zeit machten. In Westdeutschland und Westberlin dominierten von deutschsprachigen Autoren neben Wolfgang Borcherts Nachkriegsstück *Draußen vor der Tür** (geschr. 1946), Carl Zuckmayers Erfolgsstück *Des Teufels General** (1946), auch Max Frischs *Nun singen sie wieder* (1945), von europäischen und amerikanischen Autoren hauptsächlich Jean Anouilhs *Antigone** (1944), Thornton Wilders *Unsere kleine Stadt* (engl. *Our Town*, 1938) und *Wir sind noch einmal davongekommen* (engl. *The Skin of Our Teeth*, 1942). Doch bald machten sich rivalisierende dramatische Gattungen bemerkbar: neben der Brecht-Rezeption (vor allem durch Dramatiker der DDR, u.a. Heiner Müller, Peter Hacks und Hellmuth Baierl) der Rekurs auf das klassische Drama (Goethe, Schiller), viel gespielt zudem das Absurde (oder »Poetische«, für viele auch »Ontologische«) Theater (u.a. Eugene Ionesco, Samuel Beckett). Dessen Thematik einer als absolut gesetzten Entfremdung des Menschen – in den für dieses Theater prototypischen Figuren des Clowns, Akrobaten oder Mimen – und formal offenes, in disparaten Momenten sich artikulierendes Parabelgeschehen wirkte auf die frühen Werke Wolfgang Hildesheimers (*Pastorale oder Die Zeit für Kakao*, 1958, oder *Landschaft mit Figuren*, 1959) und Günter Grass' (*Noch zehn Minuten bis Buffalo*, 1954, und *Die bösen Köche*, 1957), später auf den Österreicher Thomas Bernhard und dessen konstante Thematik unserer lebenslangen Krankheit zum Tode. Kritiker wie Erich Wendt plazierten – zu Unrecht – auch Peter Handke in diese Tradition. Wolfgang Hildesheimer hat in seiner *Erlanger Rede über das absurde Theater* (1960) die damals und heute wieder so aktuelle Gattung folgendermaßen charakterisiert: »So wird das Theater des Absurden quasi zur Stätte eines symbolischen Zeremoniells, bei dem der Zuschauer die Rolle des Menschen übernimmt, der fragt, und das Stück die Welt darstellt, die vernunftwidrig schweigt, das heißt in diesem Falle: absurde Ersatzantworten gibt, die nichts anderes zu besagen haben, als die schmerzliche Tatsache, daß es keine wirkliche verbindliche Antwort gibt.« (In: Akzente 6 [1960], S. 543f.)

---

* S. dazu die ebenfalls in dieser Reihe erschienenen Bände zu Borchert: Draußen vor der Tür von Bernd Balzer (MD-Nr. 6087), Zuckmayer: Des Teufels General von Siegfried Mews (MD-Nr. 6367), Anouilh: Antigone von Wolfgang Schrank (MD-Nr. 6070).

Danach kann das Absurde Theater in seiner Thematik und Figur, in Sprache und Stil sowie in seiner Funktion als direkter Gegentypus zu der Art von Dramaturgie gesehen werden, die sich Ende der fünfziger, Anfang der sechziger Jahre in der Bundesrepublik und Westberlin begründete: das Dokumentartheater. Sein Ziel war die Behandlung von Zeitgeschichte auf der Bühne im Stil einer Montage aus historischem Zitat und fiktivem Kommentar, oft in Form einer Gerichtsverhandlung oder Spiel-im-Spiel-Szenerie mit deutlich politisch-moralischem Impuls. Zu seinen wichtigsten Vertretern zählen Rolf Hochhuth, der mit seinem *Stellvertreter* (1963) diese Entwicklung auslöste, Heinar Kipphardt mit *In der Sache J. Robert Oppenheimer** (1964) und *Bruder Eichmann* (1982) sowie Peter Weiss mit *Die Ermittlung** (1965), der die Protokolle des Frankfurter Auschwitz-Prozesses zugrunde liegen, mit dem *Gesang vom Lusitanischen Popanz* (1965/66) und dem *Viet Nam Diskurs* (1966/67). In den Randbereich dieser Gattung gehören auch Tankred Dorsts *Toller** (1968) und Hans Magnus Enzensbergers *Verhör von Habana* (1970). Die literarische Herkunft des Dokumentartheaters ist das dokumentarische Polittheater der Weimarer Republik; nicht zufällig wurden die Stücke Hochhuths, Kipphardts und Weiss' von dem wichtigsten Vertreter jener Dramaturgie inszeniert: Erwin Piscator. Weiter wirkte dabei selbstverständlich auch Brecht, wie überhaupt die kritische Auseinandersetzung mit ihm die Konstante der sechziger Jahre ist, nachzuvollziehen noch in den theoretischen Überlegungen Peter Handkes. Aber auch die Dokumentarstücke sind in ihrem klaren Aufbau, ihrer Form der Gerichtsverhandlung und ihrem kritisch-politischen Engagement, d.h. ihrem Vertrauen in die Belehrbarkeit der Zuschauer, Zeugnis für den Einfluß Brechts (nicht akzeptiert wurde seine Verfremdungsdramaturgie), ebenso wie Martin Walsers im Zusammenhang mit der eigenen Poetologie definierte Begriffe der »aktiven Fabel« und des »exakten Bildes«, d.h. seine Überzeugung von der Durchschaubarkeit der Welt und der Analysierbarkeit der Gesellschaft (M. Walser, Vom Theater, das ich erwarte. Was nötig ist: Nicht die elfenbeinerne, sondern die aktive Fabel, 1962, und Der Realismus X, 1964. In: ders., Erfahrungen und Leseerfahrungen. Frankfurt/M. 1965, S. 59f.).
Die sechziger Jahre werden in der Forschung im nachhinein meist als Epoche ästhetischer Experimente gesehen. Politische und soziale Veränderungen, nicht zuletzt die Politisierung der Universitäten und des bürgerlichen Kulturbetriebs führten zur Politisierung der Kunst, ja in einigen Fällen zur radikalen Infragestellung von Kunst und Literatur überhaupt. So grassierte beispielsweise 1968/69 in dem von Hans Magnus Enzensberger herausgegebenen »Kursbuch« die ›Geschichte‹ vom Untergang der Poesie, motiviert von dem Gedanken, sie hätte zur Verbesserung dieser Welt tatsächlich nichts beigetragen. Noch 1975 beschäftigten sich Autoren und Kritiker mit diesem Thema im »Literaturmagazin 4«, herausgegeben unter dem provokanten Titel »Die Literatur nach dem Tod der Literatur: Bilanz der Politisierung«.

---

* S. dazu die ebenfalls in dieser Reihe erschienenen Bände zu Kipphardt: In der Sache J. Robert Oppenheimer von Ferdinand von Ingen (MD-Nr. 6078), Weiss: Die Ermittlung von Gerd Weinreich (MD-Nr. 6073), Dorst: Toller von Rainer Taëni (MD-Nr. 6077).

Grundlegend motiviert wurde die Kontroverse Ende der sechziger Jahre durch die Frage nach den politischen Wirkungsmöglichkeiten der Literatur. Die Positionen, die sich gegenüberstanden, waren hier Realismus/Außenwelt/Objektivität, dort Formalismus/Innenwelt/Subjektivität; vom Wirkungsästhetischen her, hier konstruktiv/stabilisierend, dort subversiv/destabilisierend. Symptomatisch dafür waren die 1974 in Mondorf und Graz abgehaltenen Tagungen zum Realismusproblem, wo unter anderem Michael Scharang eine scharfe Kritik gegen die formalistischen Tendenzen der österreichischen Literatur äußerte:

»In diesem spezifisch österreichischen und besonders krassen Fall eines staatsmonopolistischen Kapitalismus [...], in dem alles angelegt ist auf Ausschaltung von Kritik und Opposition, spielt die *antirealistische Literatur* eine wichtige Rolle, indem sie *Schein*kritik und *Schein*opposition betreibt. Gemeinsam ist ihr *kleinbürgerliche Scheinradikalität*, eine *Massenfeindlichkeit*, die ihrer Realitätsferne entspricht, ein Rückzug auf *die Sprache*, auf *den Geist*.« (zit. in: Laemmle, S. 110f.)

Scharangs kompromißloses Urteil richtete sich gegen die experimentelle Literatur allgemein, ganz besonders aber gegen einen Autor wie Peter Handke, wobei Scharang offensichtlich den Autor mit seiner Wirkung gleichsetzte.

Handkes literarische Wirkung begann 1966, zunächst mit seinem Auftritt bei der Tagung der Gruppe 47 in Princeton (USA), wo er entgegen allen Spielregeln jener Gruppe mit einer eigenwilligen Kritik an der »impotenten Beschreibungsliteratur« zeitgenössischer deutschsprachiger Autoren Irritation und deshalb Schlagzeilen provozierte, die oft noch heute kritische Arbeiten zu seinem Werk einleiten. Kurz nach jenem Auftritt inszenierte Claus Peymann in Frankfurt/Main die *Publikumsbeschimpfung*, in der formale Elemente des Dramas und das Theater als Institution sowie das Instrumentarium der Theaterkritik thematisiert werden mit dem Ziel, das Publikum zu schockieren, freilich auch – und das ist der primäre Impuls – zur Reflexion anzuregen über seine Situation und Rolle als Theaterpublikum. Zu diesen zwei Ereignissen, auf die ein Teil der Kritik mit dem Reizwort »Neue Innerlichkeit« oder »Neue Subjektivität« reagierte, und die zu einer Frontenbildung in der Rezeption des Autors und seines Werkes führte, kamen Handkes scheinbar formalistische Äußerungen in mehreren diskursiven Texten hinzu, zusammengefaßt von ihm selbst unter dem ironisch-polemischen Titel einer jener Aufsätze, *Ich bin ein Bewohner des Elfenbeinturms*. Erschienen war er 1967, zu dem Zeitpunkt also, als durch die Studentenbewegung und die Außerparlamentarische Opposition (APO) der Reflexionsprozeß der bundesdeutschen und österreichischen Schriftsteller und Kritiker auf die Institution Kunst und Literatur einsetzte.
Im Zentrum dieses Prozesses stand dabei die Institution Theater, vielleicht, weil sie mehr als andere Gattungen in ihrer Produktion auf ein Publikum angewiesen ist und Autoren, Dramaturgen und Regisseure von der Hoffnung bewegt wurden, daß eine Veränderung der Institution eine Veränderung gesellschaftlicher Zustände bewirken könnte. Einig war man sich in der Unlust an praktizierten Theaterformen. Die Zeitschrift »Theater heute« veröffentlichte essayistische oder räsonierende Versuche

über ein neues Verständnis von Theater, darunter Martin Walsers *Tagtraum über Bewußtseinstheater* (Heft 11, 1967) ebenso wie Überlegungen Konrad Wünsches zu einem Theater der Diskontinuität und Abstraktion (Heft 1, 1968). Plädierten die einen, Paul Pörtner beispielsweise, für das »reine«, sich auf seine Materialität besinnende Theater (P. Pörtner, Vorwort zu *Experiment Theater*. Zürich 1960, S. 78), forderten die anderen politische Relevanz nach dem Muster etwa von Peter Weiss' Polittheater *Viet Nam Diskurs* (1967) oder Michael Hatrys *Notstandsübung* (1968). Die Auflösung nahezu aller bisher geltenden Bühnenregeln wurde probiert in der Form des Happening und Living Theatre, deren Orte der Aufführung nicht mehr nur die Bühne war/ist, sondern ebenso der Zuschauerraum. Oder man fuhr wie beispielsweise in Wolf Vostells *In Ulm, um Ulm und um Ulm herum* (1965) zu den einzelnen Spielorten, in diesem Fall dem Flughafen, Schlachthof, Parkhaus, der Müllkippe. »Helden« dieser Stücke sind die Zuschauer, die ins Geschehen eingreifen, sich in immer neuen Situationen zurechtfinden und entscheiden müssen, um, in der Erwartung des Autors, ihre Blicke zu schärfen für die Wirklichkeit, in der sie leben. Ähnliche Ziele verfolgte auch das Straßentheater, dessen Entstehung und Arbeitsweise in Westberlin, Frankfurt, Köln mit den Protestaktionen der Studenten zusammenfielen und das sich als Gegenmacht zu den marktbeherrschenden Publikationsmitteln verstand. Die zwar spielerische, aber direkte politische Aktion auf der Bühne (auf der Straße) verstand sich als eine Art »Kampftheater«, das Alternativen formulierte zum Vietnamkrieg der Amerikaner, zur Notstandsgesetzgebung, Pressekonzentration, zum politischen Rechtskurs der damaligen Großen Koalition von SPD und CDU u.a. Ziel war dabei, am Prozeß der politischen Bewußtseinsbildung der Bevölkerung mitzuwirken. Das versuchte auch das sogenannte neue Volksstück, nur mit anderen Mitteln, der Verbindung nämlich von gesellschaftskritischer Gegenwartsanalyse und der Konvention des realistischen Theaters. Franz Xaver Kroetz (*Stallerhof*, 1972, *Heimarbeit*, 1971), Martin Sperr (*Bayerische Trilogie*, 1966ff.) und der frühe Rainer Werner Faßbinder (*Katzelmacher*, 1969) wiederholten und variierten in ihren erschreckenden Provinzidyllen Modelle der Tradition des kritischen Volkstheaters, wie es in den zwanziger und dreißiger Jahren von Ödön von Horváth (1901 – 1938) und Marieluise Fleißer (1901 – 1974) geschaffen worden war. Zu dem Randbereich dieser Gattung gehören auch Wolfgang Bauers Geschichten aus der Pop- und Rockkultur in Stücken wie *Magic Afternoon* (1968) und *Change* (1969).

Es war jedoch Peter Handke, der in seiner Bühnentheorie und -praxis am einfallsreichsten und spektakulärsten die geschlossene Form der idealistischen Illusionsdramaturgie in Frage stellte und der gerade dadurch wie kein anderer Autor der Gegenwartsliteratur extreme Reaktionen provozierte – von Lobeshymnen bis zu brutalen Verrissen –, die bis heute sein Werk begleiten.

1.2 Handkes Dramaturgie der »Sprechstücke«

Überblickt man Handkes theaterästhetische Äußerungen (in: *Straßentheater und Theatertheater, Für* das *Straßentheater, gegen* die *Straßentheater, Horváth und Brecht, Die Arbeit des Zuschauers*), geschrieben 1968 – 1969 und gesammelt im wesentlichen in seinem Aufsatzband *Ich bin ein Bewohner des Elfenbeinturms,* so sieht man sich keinem Versuch gegenüber, eine eigene Dramen- bzw. Bühnentheorie systematisch zu entwickeln, wie andere Gegenwartsautoren, etwa Friedrich Dürrenmatt oder auch Heiner Müller, es versuchten. Zu verstehen sind sie eher als bescheidener Versuch, die eigene Methode zu definieren. Zwei Motive freilich sind erkennbar in diesen Überlegungen: als Beweggrund für die Beschäftigung mit dem Theater der Protest gegen Imitationstheater, Dokumentartheater, auch gegen Brechts Parabelstücke – gegen die konventionelle Ästhetik also. Daraus folgt der zweite Punkt, ein in Handkes Theaterstücken, Prosa und Lyrik konstantes Thema: die Sprache und ihre Manipulierbarkeit. Er rekurriert dabei auf ein Konzept von Sprache, das Sprache nicht bloß als Vehikel für Gedanken, Gefühle und Erfahrungen versteht, sondern als »Dramaturgie«, als Regelsystem, dessen Struktur selbst inhaltliche Qualität hat, indem sie unsere Vorstellungs-, Wahrnehmungs- und Empfindungsweisen determiniert. Sprache als potentielle und reale Gewalt, als Einübung in den Mythos der Ordnung, dem Handke seinen eigenen Mythos entgegenstellt, nämlich: die authentische Erfahrung der Erscheinungswelt der Dinge. Beides wiederum hängt mit der konkreten historisch-sozialen Situation zusammen. Denn die Sensibilisierung des Bewußtseins für sprachliche Aspekte, vor allem aber auch für Sprache als Steuerungs- und Herrschaftsinstrument, spiegelt Herrschaftsformen, die in den industrialisierten Ländern besonders ausgeprägt sind: Machtausübung durch Medienbeeinflussung und weitgehende Verinnerlichung bis zur Identifizierung mit der herrschenden Ideologie ist wirkungsvoll und gelingt umso mehr, je mehr der/die einzelne dabei den Schein der Freiheit behält.

Diesen Schein zu zeigen und die sprachlichen Mechanismen sichtbar und erfahrbar zu machen, ist das Ziel Handkescher Sprachexperimente. Ihre literarische Herkunft sind unmittelbar die Wiener und Grazer Gruppen, die wesentliche Impulse für die experimentelle Literatur der sechziger Jahre geliefert hatten und die aus dem Unbehagen an Provinzialität und selbstgefälligem Traditionalismus der österreichischen Vor- und Nachkriegsgesellschaft entstanden waren. Was sie als Gruppen konstituierte, war weniger ein künstlerisches Programm (wie etwa das der Dadaisten in den zwanziger Jahren), als vielmehr das gemeinsame sprachtheoretische Interesse. Mehr als in anderen deutschprachigen Ländern ist Sprachkritik seit der Jahrhundertwende ein zentraler Aspekt der österreichischen bzw. Wiener Kulturkritik und Philosophie. Schon Karl Kraus polemisierte in der Zeitschrift »Die Fackel« unablässig gegen sprachliche Mißbräuche; Sprachkritik war für ihn moralische und soziale Kritik. 1901/02, fast gleichzeitig also mit Hugo von Hofmannsthals *Lord-Chandos-Brief* und der in ihm thematisierten Sprachkrise, erschien das dreibändige Hauptwerk Fritz Mauthners, *Beiträge zu einer Kritik der Sprache*. Mauthner geht es vor allem um den Zusammenhang von Sprache, Denken und Realität, ebenso wie Ludwig

Wittgenstein, der in seinen *Philosophischen Untersuchungen* (1945/1949) auf analytischer Basis demselben Phänomen nachspürt. Hier liegt der Ausgangspunkt für die Wiener und Grazer Gruppen, deren Arbeiten zudem konsequent die Beschäftigung mit experimentellen Autoren der frühen Moderne (darunter Gertrude Stein und Autoren der Konkreten Poesie) erkennen lassen. Konstitutiv für die Grazer Gruppe war das Forum Stadtpark und die Zeitschrift »manuskripte«, in der 1963/64 Handke seine erste Prosa veröffentlichte. Ihr Gegenstand: die Sprache und ihre Zweigleisigkeit, von Bezeichnendem und Bezeichnetem, von Wort und Bedeutung (= Inhalt).

Es ist jedoch nicht die Prosa, sondern das Theater, das Handkes Erfolg als Schriftsteller begründet hat. Auf die Frage Arthur Josephs, was ihn angeregt hätte, die *Publikumsbeschimpfung* zu schreiben, ein Stück, das paradoxerweise das Theatermachen angreife und dabei doch selber Theater macht, antwortete Handke:

»Die seitherige Dramaturgie von der Wirklichkeitsabbildung des Theaters erschien mir mechanisiert und automatisiert, obendrein als falsche Natürlichkeit. Dieser Realismus auf der Bühne, diese Dialoge, Auftritte, Abgänge, das Beiseitesprechen, das kam mir alt und schon zu gewohnt vor. Man tat so, als ob das Theater ein Stück Natur wäre.« (Joseph/Handke, S. 27)

Kritisiert wird also nicht nur das zeitgenössische Theater, sondern implizit auch die aristotelische Bestimmung von der Kunst als Widerspiegelung, als »Nachahmung«, wie es in der *Poetik* heißt, »einer edlen und abgeschlossenen Handlung von einer bestimmten Größe in gewählter Rede, derart, daß jede Form solcher Rede in gesonderten Teilen erscheint und daß gehandelt und nicht berichtet wird und daß mit Hilfe von Mitleid und Furcht eine Reinigung von eben derartigen Affekten bewerkstelligt wird« (Aristoteles, Poetik. Übers. v. O. Gigon. Stuttgart 1961, S. 30). Wie bei allen Dramatikern der Moderne gilt auch bei Handke Aristoteles' *Poetik* und die in ihr definierten Begriffe und Kategorien als Muster und Vorbild. Denn der Hinweis auf das »realistische« Theater impliziert einen Gegenbegriff, eine Unterscheidung zwischen mimetischer und nicht-mimetischer (von Brecht als »episch«, von Handke als »theatralisch« bezeichneter) Dramaturgie, die in dieser Unterscheidung die mimetische anerkennt, eben weil beide zwei Seiten ein und desselben Blattes sind. Das bekennt auch Handke, wenn er zu der Entstehung des von Joseph identifizierten Paradoxons bemerkt:

»Zunächst hatte ich beabsichtigt, einen Essay zu schreiben, ein Pamphlet gegen das Theater, dann aber erkannte ich, daß eine Broschüre nicht der richtige Publikationsort gegen das Theater ist. Sie wäre wahrscheinlich unwirksam gewesen. Und so entstand eben das Paradox, auf dem Theater etwas gegen das Theater zu machen, das Theater zu benützen, um gegen das augenblickliche Theater zu protestieren, ich meine ja nicht das Theater schlechthin, das Absolutum, sondern ich meine das Theater als geschichtliches Phänomen, wie es bis jetzt war. Ein Stück gegen das Theater, das trotzdem theatermäßig ist, warum sollte das nicht Theater sein?« (Joseph/Handke, S. 28)

Paraphrasiert wird hier die Tatsache, daß jede Avantgarde aus der Opposition zur Tradition entsteht, sich durch sie entwickelt und daß diese Opposition besonders im Theater fast schon permanent ist, weil dort die Tradition wohl am festesten verankert scheint durch die unmittelbare wechselseitige Abhängigkeit von Produktion und Rezeption, von Bühne und Publikum. So partizipiert Handke in seiner Kritik in einer Dramen- und Theatersituation, die in der Moderne zur Tradition gehört und durch die Hinwendung auf theatereigene Mittel und Möglichkeiten begründet ist. Schon 1965 in der »Bücherecke« des österreichischen Rundfunks formuliert er das, was dann zum Kern seiner theoretischen Überlegungen wird:

»Das moderne Drama besteht aus Ausbruchsversuchen [...]. Das moderne Drama möchte das Theater nicht zu einer eigenen Welt machen, die verschieden ist von der Welt der Zuschauer; das Theater soll wieder ein Teil der Welt der Zuschauer werden. Ähnlich wie die Kinder, die den Kasperl beim Kasperlspiel durch Schreien und Johlen vor dem Krokodil warnen können, kommen auch die Zuschauer wieder zu ihrem angestammten Recht, nicht nur dabei sein zu dürfen, sondern auch eingreifen zu können oder zumindest als Anwesende beachtet zu werden.« (zit. in: Laemmle/Drews, S. 194)

Im Zentrum steht die Zuschauerproblematik. Nicht von Menschen, sondern *für* Menschen soll das Theater agieren, und zwar mit erkenntniskritischem Anspruch, nämlich: daß alles, »was auf dem Theater an menschlichen Äußerungen als natürlich erscheint, [...] nichts Gewordenes, sondern etwas Gemachtes« ist (Joseph/Handke, S. 27).

Die Frage ist nur, wie. Dramaturgisch rekurriert Handke dabei auf Brecht, mit dem er trotz zorniger Abwehr in seinen Grundpositionen sich berührt. Anregend für ihn wurde vom Darstellungs- und Wirkungsästhetischen her vor allem Brechts Modell der Verfremdung, dessen Intention darauf zielt, Quasinatürliches seinem allzu Bekanntsein zu entkleiden, es als Fremdes und Künstliches ins Bewußtsein zu bringen, um es dadurch auch als Veränderbares zu zeigen, als etwas, was auch anders sein könnte. Was Handke davon übernimmt, ist nicht so sehr die praktische Zielsetzung Brechts, die Gesellschaft zu verändern, als vielmehr der ideologiekritische Aspekt, der festgefahrene Wahrnehmungs- und Denkmuster unterminiert und damit indirekt allerdings auch von Handke gesellschaftskritisch verstanden wird:

»Wozu es [das Theater] taugen könnte (wozu es bisher auch getaugt hat): als ein Spielraum zur Schaffung bisher unentdeckter innerer Spielräume des Zuschauers, als ein Mittel, durch das das Bewußtsein des einzelnen nicht *weiter*, aber *genauer* wird, als ein Mittel zum Empfindlichmachen: zum Reizbarmachen: zum Reagieren: als ein Mittel, auf die Welt zu kommen.
Das Theater bildet dann nicht die Welt ab, die Welt zeigt sich als Nachbild des Theaters.« (Elfenbeinturm, S. 54)

Für Mitleid und Furcht steht bei Handke (wie auch bei Brecht) das »Weiterdenken«, die *Kontemplation* als die erwartete Haltung der Zuschauer. Theater als »Voraus-Sätze« (Handke) für neue Denkmöglichkeiten ist die Zielsetzung – keine inhaltliche und diese als Alternative zu den gesellschaftlichen Verhältnissen (wie bei Brecht), sondern das Wecken eines Möglichkeitssinnes, der ja Alternativen erst denkbar macht. Denn wogegen Handke bei Brecht polemisiert, ist die Auflösung des Theater-Spiels in eine Lösung, im »marxistischen Zukunftsmodell«:

»Das Theater als gesellschaftliche Einrichtung scheint mir unbrauchbar für eine Änderung gesellschaftlicher Einrichtungen. Das Theater formalisiert jede Bewegung, jede Bedeutungslosigkeit, jedes Wort, jedes Schweigen: es taugt nichts zu Lösungsvorschlägen, höchstens für ein Spiel mit Widersprüchen.« (Elfenbeinturm, S. 53)

So stellt Handke der Brechtschen Dramaturgie die Ödön von Horváths gegenüber. Horváths »Unordnung« und »unstilisierte Sentimentalität« ziehe er der »Einfachheit« und »Ordnung« Brechtscher »Weihnachtsmärchen« vor, behauptet er aggressiv und weist in seiner Charakteristik Horváthscher Stilmerkmale voraus auf Sprechsituationen seiner eigenen Figuren:

»Die verwirrten Sätze seiner Personen erschrecken mich, die Modelle der Bösartigkeit, der Hilflosigkeit, der Verwirrung in einer bestimmten Gesellschaft [...]. Und ich mag diese IRREN Sätze bei ihm, die die Sprünge und Widersprüche des Bewußtseins zeigen, wie man das sonst nur bei Tschechow oder Shakespeare findet. Jemand träumt, daß er ermordet wird: ›Ich war schon lang wieder wach und dachte noch immer, ich wäre tot.‹ – Eine Sterbende schlägt mit der Hand in die Luft: ›Na. Da fliegen lauter so schwarze Würmer herum...‹.« (Elfenbeinturm, S. 64)

Ähnlich »IRRE Sätze« wird, wie wir sehen werden, Handkes Kaspar sagen, dort als manifestes Zeichen eines latenten Wunsches, sich dem Zwang zur Ordnung zu entziehen.

Neben Horváth und/oder Brecht fühlte sich Handke von den Möglichkeiten des Straßentheaters angezogen, wohl aufgrund von dessen Neuinszenierung der Rolle der Zuschauer; Handke reflektiert aber gleichzeitig die Problematik, daß es nämlich seine Spontaneität verliert, sobald es sich organisiert und fortbesteht als Institution und dadurch dem ihr eigenen Struktur- und Modellzwang unterliegt.

Ziehen wir das Fazit: Konkret leisten soll das Theater nach Handke zweierlei: 1. das Bewußtmachen der Theaterwirklichkeit mittels der Technik der Verfremdung; negiert wird also das realistische Illusionsdrama und seine Guckkastenbühne, auf der Bühnenbild, Kostüme, Requisiten, Schauspielstil und Sprache auf getreue Wirklichkeitsnachahmung angelegt sind; 2. die Veränderung des Verhältnisses von Bühne und Zuschauer durch die Einbeziehung der Zuschauer in das theatralische Geschehen; negiert wird die Trennung von Publikum und Bühne der Guckkastenbühne, wo ein Rahmen und die Rampe den erleuchteten Bühnenraum vom dunklen Zuschauerraum trennen und ihn wie ein geschlossenes Bild erscheinen lassen. Das bedeutet einerseits Distanzierung, andererseits Einholen der Distanz und in diesem Widerspruch die Zuschauer zum emanzipatorisch gemeinten Mit-Spiel zu bewegen (vgl. Happening), zum Spiel mit der »Natürlichkeit« und Künstlichkeit und dieses »als einzige Möglichkeit«, den Theatermechanismus zu durchschauen und »damit auch ähnliche Situationen in der Außenwelt« (Elfenbeinturm, S. 91).

Die Dramaturgie des Theaters und das Spiel mit der Sprache sind Thema und Inhalt von Handkes ersten »Sprechstücken«, der *Publikumsbeschimpfung* (1966), *Weissagung, Selbstbezichtigung* (beide 1966) und *Hilferufe* (1967); seine dem *Kaspar* folgenden Stücke, *Das Mündel will Vormund sein* (1968), *Quodlibet* (1969), *Der Ritt über den Bodensee* (1970) und *Die Unvernünftigen sterben aus* (1973), fassen die hier erprobten theatralischen Mittel mit jeweils verschiedenem Schwerpunkt (wie Gestik, Dialog, Aus-der-Rolle-fallen) zusammen. Die von Handke selbst geprägte Genrebezeichnung mutet an als Tautologie, wenn man sich erinnert, daß alle Stücke oder Spiele auf der Bühne – von der antiken Tragödie über das bürgerliche Trauerspiel bis hin zum epischen Theater – »gesprochene Stücke« sind, d.h., der Modus der

Darstellung ist nicht wie beispielsweise in episch-narrativen Texten der Bericht eines Erzählers, sondern der Dialog oder die dialogische Interaktion der Figuren, die jeweils in engem Zusammenhang mit der Handlungs- und Konfliktentwicklung des Dramas steht. Dramatische Rede ist im Gegensatz zum Dialog in narrativen Texten situativ gebunden, wie noch Friedrich Dürrenmatt betont: »Muß der Dialog aus einer Situation entstehen, so muß er in eine Situation führen, in eine andere freilich. Der dramatische Dialog bewirkt: ein Handeln, ein Erleiden, eine neue Situation, aus der ein neuer Dialog entsteht usw.« (F. Dürrenmatt, Theaterprobleme. Zürich 1955, S. 27)

Nichts dergleichen in Handkes »Sprechstücken«, schon gar nicht eine Handlung, »weil jede Handlung auf der Bühne das Bild von einer anderen Handlung wäre« (Stücke 1, S. 201). So sind seine Stücke abstraktes Theater, eine Art Stimmkunstwerke, wo nur Stimmen sich äußern, geordnet nach den Mustern des Chors, des Kanons, der Litanei; alles andere aber, was Figuren sonst mit auf die Bühne bringen, entfällt: die Identität ihrer Person, »Charakter«, Typ, somit auch die Möglichkeit einer geschlossenen Handlungs- und Konfliktentwicklung. Schon die Genrebezeichnung zitiert den Inhalt und das Thema der Stücke: die Sprache, das Sprechen, das zugleich auch Mittel ist – Mittel der Nachahmung nicht der Welt, sondern der Sprache, in der sich die Welt zeigt:

»Die Sprechstücke sind Schauspiele ohne Bilder, insofern, als sie kein Bild von der Welt geben. Sie zeigen auf die Welt nicht in der Form von Bildern, sondern in der Form von Worten, und die Worte der Sprechstücke zeigen nicht auf die Welt als etwas außerhalb der Worte Liegendes, sondern auf die Welt in den Worten selber. Die Worte, aus denen die Sprechstücke bestehen, geben kein Bild von der Welt, sondern einen Begriff von der Welt.« (Bemerkung zu meinen Sprechstücken, in: Stücke 1, S. 201)

Infolgedessen ahmen die Sprechstücke nicht die Wirklichkeit nach, sondern die Nachahmungsapparatur selbst: die Spielregeln der Bühnen-Wirklichkeit – so beispielsweise die Requisiten, die auf der Bühne stehen als Requisiten, als Gegenstände, mit denen Theater gespielt wird, oder die Figuren, die nicht als Schauspieler, sondern als »Sprecher« von Worten und Sätzen agieren, im Gestus des Zeigens Äußerungsformen der »Beschimpfung«, der »Selbstbezichtigung«, der »Weissagung« und der »Hilferufe« zitieren und darin *ironisch* sogenannte natürliche Sprachmuster aufheben als Theater. Danach ist das Gesagte (= Ausdruck) in den Stücken das Bedeutete, Bezeichnendes und Bezeichnetes sind identisch, Sprache *ist* Inhalt. Handkes Sprechstücke kann man von daher auch »Konkretes Theater« nennen in Analogie zur Konkreten Poesie. Zur Geschichte des Begriffs schreibt Helmut Heißenbüttel:

»Der Begriff einer konkreten Poesie wurde gebildet in Analogie zur bildenden Kunst, vor allem zur Malerei. Dort löste er sich ab aus den theoretischen Vorstellungen Mondrians, der Stijl-Gruppe und Kandinskys. Ausdrücklich verwendet wurde der Zusatz ›konkret‹ wohl zuerst von Max Bill für eine Ausstellung in der Basler Kunsthalle, die vom 8. März bis zum 10. April 1944 dauerte [...].« (H. Heißenbüttel, Über Literatur. München 1970, S. 66)

Gewöhnlich wird das, was Max Bill »konkret« nennt, als abstrakte Kunst bezeichnet (im Gegensatz zur gegenständlichen oder realistischen Malerei). Das Konkrete, das

Bill bzw. Heißenbüttel meinen, sind nicht die dargestellten Gegenstände, sondern das Medium selbst: die Farben, ihre Kompositionen und Konstellationen. Und gerade das meint auch die Konkrete Poesie: nicht eine beschriebene gegenständliche Welt, sondern die Selbstdarstellung der Sprache und ihrer Mechanismen. Ein konkreter Text spricht nicht *über* etwas, sondern stellt sich selber dar als sprachliche Konstellation – wie eben Handkes Theater, das konkret zeigen soll, wie Theater, individuell, und Kommunikationssysteme, allgemein, funktionieren, mit dem Ziel und Zweck zu lehren, daß Worte Begriffe sind und nicht Dinge.
Wichtig für die Formalisierung dieses Inhalts und seiner Aufgabe ist neben der Analogie zur Konkreten Poesie die Analogie zur Musik, insbesondere zur Beat-Musik. Sie entstand um 1960 auf der Grundlage des Rock 'n' Roll in Liverpool, England, und wurde mit spektakulärem Erfolg durch die Beatles und Rolling Stones popularisiert. Typisch für sie ist ein Grundschlag (Beat, engl. ›Schlag‹), der in vielerlei Modifikationen variiert und wiederholt wird.
Handkes Sprechstücke sind rhythmisch rigoros nach dem Muster jener Musik strukturiert: so die *Publikumsbeschimpfung*, deren Grund-›Schlag‹ (oder Grund-›Satz‹) auf dem Personalpronomen »Sie« und »Ihr« liegt: »*Ihr Fratzen, ihr Kasperl, ihr Glotzaugen, ihr Jammergestalten, ihr Ohrfeigengesichter, ihr Schießbudenfiguren, ihr Maulaffenfeilhalter.*« Dieser »Beat«, der eigentümlich spielt mit einem Zitat – »Glotzt nicht so romantisch!« – aus Brechts *Trommeln in der Nacht*, wird wiederholt und variiert, zudem kontrapunktiert und arrangiert mit dem »Wir« der Sprecher auf der Bühne:

»Sie bilden hier als Theaterbesucher ein Muster. [...] Sie werden von uns gemustert. [...] Sie sind ein Muster und Sie haben ein Muster. Sie haben eine Mustervorstellung, mit der Sie hierher ins Theater gekommen sind. Sie haben die Mustervorstellung, daß hier oben ist, und daß bei Ihnen unten ist. Sie haben die Vorstellung von zwei Welten. Sie haben die Mustervorstellung von der Welt des Theaters. Jetzt brauchen Sie dieses Muster nicht. [...] Sie sind das Muster. Sie sind entdeckt. Sie sind die Entdeckung des Abends. Sie feuern uns an. Unsere Worte entzünden sich an Ihnen. Von Ihnen springt der Funke über zu uns.« (Stücke 1, S. 24f.)

Durch die Anapher (Wortwiederholung am Satz- bzw. Zeilenanfang) und Epiphora (Wortwiederholung am Zeilenende), durch die Folge von Hebungen und Senkungen, Betonung und Pause erhält der Text einen klanglichen Rhythmus, ein akustisches Muster, dessen Funktion ist, den Zuschauer einzukreisen. Thema und Form sind also kongruent; ihr Inhalt: das Muster der Theaterwirklichkeit, zu der ja auch die Zuschauer gehören.
Verfremdet wird dieses Muster durch die Beseitigung der Trennung von Bühne und Zuschauer, was paradoxerweise zugleich zu einer Markierung der Grenze von Spiel und Wirklichkeit führt. So werden am Anfang der *Publikumsbeschimpfung* vertraute Erwartungen geweckt durch vorgetäuschte Geräusche hinter dem Kulissenvorhang usw., ent-täuscht, wenn das Licht angeht nicht nur auf der Bühne, sondern auch im Zuschauerraum. Während ihrer Beschimpfung schauen die vier Sprecher ins Publikum, wodurch die Bühne zu dem wird, was Walter Benjamin im Zusammenhang mit Brechts epischem Theater das »Podium« genannt hat:

»Der Abgrund, der die Spieler vom Publikum wie die Toten von den Lebendigen scheidet, der Abgrund, dessen Schweigen im Schauspiel die Erhabenheit, dessen Klingen in der Oper den Rausch steigert, dieser Abgrund, der unter allen Elementen der Bühne die Spuren ihres sakralen Ursprungs am unverwischbarsten trägt, hat an Bedeutung immer mehr eingebüßt. Noch liegt die Bühne erhöht. Aber sie steigt nicht mehr aus einer unermeßlichen Tiefe auf: sie ist Podium geworden.« (W. Benjamin, Was ist das epische Theater? In: Episches Theater, hg. v. R. Grimm. Köln, Berlin 1966, S. 93)

Da nicht gehandelt wird, besteht in Handkes *Publikumsbeschimpfung* (und anderen Sprechstücken) die Gefahr der Ermüdung des Publikums durch das dauernde Sprechen. Entgegengewirkt wird dem durch einen »Bruch« im »rhythmischen Modell«, wie Handke im Gespräch mit Joseph sagt, der die Zuschauer »in Spannung halten« soll (Joseph/Handke, S. 32). Das geschieht hier hauptsächlich durch den Wechsel im Sprechtempo und in der Länge der Sprechphasen, im *Kaspar*, um dies vorwegzunehmen, durch den Wechsel von gestischen und mimischen Vorgängen und Sprechvorgängen, eine Bewegung, die sich dort auf die Zuschauer überträgt und sie schweben läßt zwischen Passivität (Hören) und Aktivität (Sehen). Handkes ideale Zuschauer sind diejenigen, die das Muster hinter dem Spiel mit Metaphern, Redensarten und Tautologien »drinnen« auf dem Podium/der Bühne erkennen und es in Analogie setzen zum (Sprach-)Spiel mit Vorstellung und Wahrnehmung »draußen«. So wird die Rolle der Zuschauer in der hohen Erwartung auf ihren aktiven Mitvollzug von Handke neu definiert, zudem wird die Idee reflektiert, daß Zuschauen Kunst ist, zumindest Arbeit – deshalb auch das betont Offene der Form der Sprechstücke, eine Art Verharren im Raum und in der Zeit, um die Aufmerksamkeit auf die Methode zu lenken, auf die *subjektive* Wahrnehmungsweise des ästhetischen Gegenstandes.
Trotzdem ist Handkes Theater in seinen Strukturmerkmalen kein Anti-Theater zum bürgerlich-konventionellen Theater, wie so oft behauptet wird. Vielmehr benutzt er seine Mechanismen, *verdoppelt* sozusagen die Elemente der Guckkastenbühne, um sie als solche offenzulegen und bewußt zu machen,

»daß Gewaltfunktionen des einen über den andern existieren, von denen man vorher nichts gewußt hat, die man als gewohnt akzeptiert hatte, wenn einem das plötzlich als gemacht, als gar nicht naturgegeben erscheint, und zwar durch das Theater, durch eine sprachliche Enthüllung, durch grammatikalische Ableitungen, die einem plötzlich zeigen, daß Herrschaftsfunktionen weder etwas Gott- oder Staatsgegebenes sind« (Josepf/Handke, S. 30).

Nicht revolutieren, sondern aufmerksam machen, ist die Teleologie der Sprechstükke, denn so konstituiert sich Bewußtsein: die Menschen werden angesprochen und werden sich ihrer selbst bewußt. Theater als »Voraus-Sätze« (Handke), als »Vorschule« der Wirklichkeit, vielleicht möglich machend, was sich der Autor von seinem Theater erträumt: das Auf-die-Welt-Kommen der Zuschauer (Elfenbeinturm, S. 54). So wird in den frühen Sprechstücken die Gewalt der Wörter aufgehoben, d.h., sie wird negiert und zugleich affirmiert in der Art und Weise der Darstellung; im *Kaspar* wird dies wiederholt und zudem gezeigt, was daraus werden kann.

1.3 Der Stoff: Kaspar Hauser

Als literarische Vorlage diente Handke das Buch Anselm Ritter von Feuerbachs, *Kaspar Hauser. Beispiel eines Verbrechens am Seelenleben des Menschen* (1832); zur Lektüre bemerkt er: »Aus dem Kaspar-Hauser-Gedicht von Georg Trakl habe ich für mich nichts erfahren, aus dem Bericht des Juristen Anselm von Feuerbach sehr viel, auch für meine Wirklichkeit, nicht nur objektive Daten.« (Elfenbeinturm, S. 25)

Kaspar Hauser nun war jener sechzehn- oder siebzehnjährige Junge, der am 26. Mai 1828 in Nürnberg dem Schuster Georg Leonhard Weickmann und seinem Zunftgenossen Jacob Beck auffiel als eine – wie sie später beschreiben – »possierliche und pudelnärrische« Gestalt, die mit einem Brief in der Hand mühsam die abschüssige Straße »herunterwackelt«, ohne dabei »gehörig aufrecht zu stehen«, und die auf die Anreden der beiden Männer nur mit den Wendungen antwortete »woiß nit« (»das weiß ich nicht«) und »ä sechtener (Reuter) möcht ih wähn, wie mei Vottä wähn ist« (»ich möchte ein solcher [häufig ergänzt: Reiter] werden, wie mein Vater einer gewesen ist«). Jener Brief war geschrieben von einem »armen Mägdlein« an einen Rittmeister in Nürnberg und berichtete über Kaspars seit 1812 währende ›Einkerkerung‹: »Keinen Schrit weit aus dem Haus gelaßen daß Kein Mensch nicht weiß da von wo Er auferzogen ist worden« (sic) – Kaspars Bewegungen und Verhalten nach vermutlich in einem dunklen Verschlag, versorgt nur mit Brot und Wasser. Er wurde zunächst in den »Luginsland« genannten Gefängnisturm gebracht, wo er bald zum Ausstellungsgegenstand für die zahllosen Neugierigen wurde, die ihn zum Sprechen zu bringen versuchten. Der Jurist und Rechtsphilosoph Anselm Ritter von Feuerbach, Vater Ludwig Feuerbachs, nahm sich seiner an, gab ihn bei verschiedenen Männern in Pflege (darunter dem Nürnberger Gymnasialprofessor Georg Friedrich Daumer), die aber, teils aus Experimentiersucht, teils aus Mißtrauen und Beschränktheit, Kaspars geistiger und körperlicher Entwicklung mehr schadeten als nützten. Nachdem Kaspar schon 1829 mit einer Verletzung aufgefunden worden war, starb er 1833 an einer Stirnwunde, zugefügt durch einen Unbekannten.

Diese Rätselfigur Kaspar Hauser wurde im Laufe des 19. Jahrhunderts zu einem europäischen Phänomen, das die Phantasie und Spekulation von Anthropologen, Psychologen, Psychiatern, Kriminalisten, Pädagogen, Linguisten und Dichtern bis heute bewegt. (Siehe auch die Geschichte von Viktor, dem ›Wilden‹, der, ungefähr zwölf Jahre alt und der Sprache nicht mächtig, um 1800 in Aveyron, Frankreich, aufgegriffen und bald darauf in Paris als Muster des »natürlichen Menschen« herumgereicht wurde; dazu François Truffauts Film *L'enfant sauvage*.) Für einige Autoren der Moderne wurde Kaspar Hauser zum Sinnbild des Künstlers als Fremdling in der Welt, so vor allem in dem Gedicht Paul Verlaines *Gaspard Hauser chante* (ins Deutsche übertragen von Stefan George, *Kaspar Hauser singt*), aus Verlaines Zyklus *Sagesse* (1881), oder in dem von Handke oben erwähnten *Kaspar Hauser Lied* (1913) von Georg Trakl aus dessen Zyklus *Sebastian im Traum*, oder als epische Deutung des Problems der Erziehung bzw. Zivilisierung eines verkannten, unschuldigen Menschen durch Jakob Wassermann in dessen Roman *Caspar Hauser*

oder Die Trägheit des Herzens (1907) und durch Sophie Hochstetter in deren Roman *Das Kind von Europa – Die Geschichte Kaspar Hausers* (1925).
Eine Neugestaltung des Stoffes in jüngster Zeit ist neben Handkes Sprechstück Werner Herzogs Film *Jeder für sich und Gott gegen alle* (1975), der sich auf den ersten Blick als dokumentarhaft nachgestaltete Schilderung der Lebensgeschichte Kaspar Hausers gibt (wie Truffauts Film über Viktor), jedoch schon in der den Film einleitenden Paraphrase eines Satzes aus Georg Büchners *Lenz* – »Hört Ihr denn nicht das entsetzliche Schreien, das man gewöhnlich die Stille heißt?« – auf die eigentümliche Perspektive Herzogs verweist. Gezeigt wird nämlich die Umwelt aus der Sicht Kaspar Hausers (artikuliert im Wechsel von fahlen und grellen Farbtönen der Erscheinungen, darin verweisend auf Kaspars durch die Existenz im Kellerloch geprägte Wahrnehmungsweise), dem die ihn umgebenden Menschen und Gegenstände fremd und unwirklich erscheinen. Angeklagt und gerichtet wird in Kaspar Hausers psychischen Qualen und physischem Leiden jene (und unsere) Gesellschaft, in der sensible, unverbildete und infolgedessen schutzlose Menschen nur verminderte Lebenschancen haben.
Neben der historischen Vorlage wird die lustige Figur des deutschen und österreichischen Puppenspiels zitiert: Kaspar oder Kasperle, Nachfahre des Harlekin aus der Commedia dell'arte und des Hanswurst der deutschen Barockkomödie, der nach seiner (symbolischen) Verbannung aus den Schauspielen und der Herausbildung der Charakterkomödie Ende des 18. Jahrhunderts auf der Bühne überlebte als Figur des Spaßmachers – ohne Typenkostüm, nur in verschiedenen Maskierungen –, Anfang des 20. Jahrhunderts dann im volkstümlichen Puppentheater als Unterhalter und »Erzieher« der Kinder (vgl. die Punch-and-Judy-Show in England).

1.4 Zur Entstehungsgeschichte und den verschiedenen Schlußfassungen des »Kaspar«

In Handkes für die Entstehung des *Kaspar* bedeutsamem Gespräch mit Arthur Joseph erklärt der Autor sein Interesse an der Figur:

»Im *Kaspar Hauser* entdeckte ich das Modell einer Art von sprachlichem Mythos. Die Figur hat mich neugierig gemacht. Ein menschliches Wesen, das sechzehn oder siebzehn Jahre in einem Verschlag gelebt hat, kommt plötzlich in die Außenwelt und muß sich, obwohl es nicht sprechen kann, mit ihr bekanntmachen. Nachdem er den Verschlag verlassen hat, ist Kaspar irgendwo in einem Zimmer und schaut zum Fenster hinaus. Er sieht die grünen Bäume und meint, es seien die Fensterläden, weil er Fläche und Raum nicht voneinander trennen kann. Zweidimensionalität und Dreidimensionalität kann er nicht unterscheiden. Kann Raum nicht von Zeit trennen. Er kann nicht sprechen und praktisch nichts richtig wahrnehmen. Er sieht die Umwelt flach wie eine Musterkarte, er hält die Sessel für Tapetenmuster. Dieser Kaspar Hauser erschien mir als mythische Figur, nicht nur interessant schlechthin, sondern als ein Modell von Menschen, die nicht zurechtkommen mit sich selber und der Umwelt, die sich isoliert fühlen. Er hat mich sehr fasziniert von Anfang an. Er weiß nicht, was Schnee ist. Und wenn der Schnee zum ersten Mal fällt, schmilzt er ihm in der Hand und brennt. Und weil es das erste Weiß ist, das er gesehen hat, nennt er alles Weiße eben Schnee.« (Joseph/Handke, S. 35f.)

Von dieser Figur und seiner Situation abstrahiert Handke ein Modell, dessen Thema der Aufbau einer Figur ist. Sein Stück setzt genau dort ein, wo Kaspar in die Außenwelt kommt, nachdem er »praktisch siebzehn Jahre gelegen« hat:

»Ich habe diese Situation übernommen und mit historischen Zitaten aus der Autobiographie des Kaspar Hauser versehen. Da schildert er, wie ihm am ersten Abend, nachdem er in die Welt hinaus kam, zumute war. Er hatte nur einen Satz zur Verfügung: ›A söchener Reiter möcht i wärn, wie mei Voter aner gween is.‹ Er wacht plötzlich in einem fremden Zimmer mitten in der Nacht auf und hat Schmerzen, weil er vorher nie gegangen war. Er sieht im Zimmer einen grünen Ofen, und der leuchtet in der Nacht. Und Kaspar will sich ihm mitteilen und geht hin zu ihm und sagt zu ihm den einzigen ihm zur Verfügung stehenden Satz: ›A söchener Reiter möcht i wärn, wie mei Voter aner gween is.‹ Er weiß ja nicht, daß die Gegenstände ihn nicht hören und nicht antworten können, aber er sagt den Satz, wenn er hungrig war oder wenn es ihm gut gegangen ist. Er konnte sich ja nicht anders ausdrücken.« (Joseph/Handke, S. 36)

Vom Schluß des Stückes existieren drei verschiedene Fassungen. So lautet der letzte Satz der ersten (Bühnen-)Fassung (1966): »Ich: bin: nur: zufällig: ich:«, woraus in der zweiten Fassung (1967) wurde: »Ich: bin: nur: Ziegen und Affen: Ziegen und Affen:«, wovon in der bisher letzten Fassung (1972) nur noch blieb das fünfmalige »Ziegen und Affen:«. Die erste Neufassung, die Streichung des Adverbs und die Substitution des Satzobjekts »ich« durch »Ziegen und Affen«, mag zurückgehen auf die Rezeption des Bühnenstücks und seiner ersten Druckfassung, nämlich auf ihre häufige Deutung aus existenziell-philosophischer Sicht: beispielsweise in Hans Mayers Aufsatz *Kaspar, der Fremde und der Zufall*, einem der ersten bedeutenden Aufsätze zum Stück (1969), wo das Thema der Entfremdung expliziert wird an einer Typologie des Wortes »Zufall« innerhalb der modernen deutschen und französischen Literatur (deutlich schon die Anspielung in Mayers Titel auf Albert Camus' Roman *L'étranger,* dt. *Der Fremde*). Mayer stellt die These auf, daß Kaspar am Ende seines »Lehr- und Lernprozesses als bloßes Gewordensein, nicht als total verdinglichte Form einer total manipulierten Existenz« präsentiert wird (Mayer, S. 32). *So* aber will Handke sein Stück auf keinen Fall interpretiert wissen; ganz im Gegenteil. Nichts in diesem »Lehr- und Lernprozeß« ist Zufall, auch nicht Schicksal. Alles ist *bewußte* Manipulation. Die Entfremdung ist ihr Ergebnis, und zwar der Manipulation der individuellen Wahrnehmung und Vorstellung durch die Sprache – ganz künstlich, artifiziell, kongruent mit der Form des Stückes, dessen hohe Künstlichkeit zugleich sein Inhalt ist.

Sinnvoll ist deshalb Handkes Änderung, besonders innerhalb der Sprechvorgänge des Stückes. So repräsentiert die zweite Fassung einen Aussagesatz, der in seiner Struktur Kaspars ersten eigenen Satz (»Ich möcht ein solcher werden wie einmal ein andrer gewesen ist«) zitiert, im Kontext des Stückes freilich zu ihm auch in Antinomie steht: die Doppelpunkte markieren Kaspars stockendes Sprechen, darin ein Verweis auf seinen eben erfahrenen Erkenntnisschock – im Gegensatz zum Anfangssatz, den Kaspar ›bewußtlos‹ spricht (s. Angermeyer, S. 117). Dazwischen dann die Einübung in die Ordnung, in Ding- und Denkzwang, die am Schluß in Anarchie mündet, inhaltlich, formal und funktional. Denn »Ziegen und Affen« ist, wie Manfred Durzak aufgespürt hat, ein Zitat aus der ersten Szene des vierten Aktes von Shakespeares *Othello*. Othello, von Eifersucht innerlich zerfressen, vergewaltigt Desdemona, indem er sie schlägt, noch dazu vor den Augen seiner sogenannten Untergebenen, Jago und Lodovico. Ihnen, ihrem ›Tierhaften‹ (und bei Shakespeare in dramatischer Ironie Othello selbst und seiner Gewalttätigkeit) gilt jener Ausruf »Goats and monkeys!« (dt. »Ziegen und Affen!«). Und Durzak erklärt:

»Die Regression ins Archaisch-Primitive, die als Bewußtseinstrübung Othellos erscheint, charakterisiert auch den Redekaspar Handkes, der aus der Ordnung seiner Sätze ins Bodenlose fällt. Das Othello-Zitat verstärkt damit die von Kaspar noch vorerst überdeckte Irritation, auf die am Ende der 27. Szene ein anderes Zitat verweist, und zwar aus Ödön von Horvaths Stück ›Glaube Liebe Hoffnung‹, wo das Mädchen Elisabeth, aus Verzweiflung ins Wasser gegangen und nach ihrer Rettung auf der Polizeiwache sterbend, den Satz sagt: ›Da fliegen lauter so schwarze Würmer herum –‹ Es handelt sich in beiden Fällen um Sätze, die die Gegenposition zu den Modell-Sätzen der Einsager darstellen [...].« (Durzak, S. 104)

2 Wort- und Sachkommentar

(Die folgenden Seitenangaben beziehen sich – wie auch sonst alle Zitate aus dem Stück – auf die Textausgabe: Peter Handke, *Kaspar*. Frankfurt/Main [6]1970 = edition suhrkamp 322.)

S. 5 *16 jahr:* Gedicht von Ernst Jandl, das auf den sechzehn Jahre alten historischen Kaspar Hauser anspielt und gleichsam die Ausgangssituation des Stückes antizipiert. Jandls Gedicht ist ein serieller Text, der eine einzige Frage wiederholt und variiert: »wath tholl / der machen / der bursch / mit theine / thechdthen jahr / thüdothdbahnhof« (= »Was soll der Bursche machen mit seinen sechzehn Jahren auf dem Südbahnhof«). Jeder »s«-Laut in diesem Gedicht ist ersetzt worden durch einen englischen »th«-Laut, dessen Sinn sich erst akustisch realisiert, nämlich: als eine Art ›Sprachfehler‹. Konkretisiert wird damit jene Unbeholfenheit und/oder Hinfälligkeit, die Kaspar Hauser und Handkes Kaspar-Figur im jeweiligen Kontext prädisponiert zum Opfer von Gewalt oder, wie es bei Handke heißt, von »›Sprechfolterung‹« (S. 7).
Ernst Jandl: geb. 1925, in Wien als Lehrer an allgemeinbildenden höheren Schulen tätig. Als Dichter Verfasser von experimenteller Literatur und Konkreter Poesie; gehörte zur Wiener Gruppe und neuerdings zur Stuttgarter Schule (mit u.a. Helmut Heißenbüttel). S. seinen Gedichtband »Laut und Luise« (1966) oder sein Lesebuch »ernst jandl für alle« (1974).

S. 8 *Frankensteins Monster:* Anspielung auf den Helden des gleichnamigen Romans der englischen Schriftstellerin Mary Wollstonecraft Shelley (1797 – 1851). Als Film-Monster und Garant für Nervenkitzel und Gänsehaut geistert jene Figur durch amerikanische Horror-Filme; besonders berühmt in der Rolle wurden die Europäer Boris Karloff und Bela Lugosi und der Amerikaner Vincent Price.
King Kong: synthetische Figur (zusammengesetzt aus Gorilla und Mensch), und als solche ebenfalls ein »Monster« des amerikanischen Horror-Films. Zum selben Genre gehören neben »King Kong« und dem oben erwähnten »Frankenstein« Filme wie »The Wolf Man« und »The Cat People«. Sie alle sind aus psychologischer Sicht als symbolische Figuren für den animalischen Bereich der menschlichen Natur, der von der Zivilisation verdrängt wird, interpretiert worden. Er bricht hervor, wenn er zu lange Zeit zurückgehalten oder angestaut wurde, und manifestiert sich, wie im Film »King Kong«, in einer ungeheuerlichen Zerstörung der (zivilisierten) Umwelt, in »King Kong« von New York.

S. 29 *Damals, als ich noch weg war, habe ich niemals so viele Schmerzen im Kopf gehabt, und man hat mich nicht so gequält wie jetzt, seit ich hier bin*: dieser erste »ordentliche« Satz Kaspars ist ein fast wörtliches Zitat des historischen Kaspar Hausers, vermittelt durch Anselm von Feuerbach: »Zu Haus (in seinem Loch), äußerte Kaspar, habe er niemals so viele Schmerzen im Kopf gehabt, und man habe ihn nicht so gequält wie jetzt auf der Welt.« (Feuerbach, S. 73)

S. 56 *Warum fliegen da lauter so schwarze Würmer herum?:* abgewandeltes Zitat aus Ödön von Horváths Volksstück »Glaube Liebe Hoffnung. Ein kleiner Totentanz« (1936), wo Elisabeth nach einem Selbstmordversuch, sterbend, »mit der Hand in die Luft« schlägt und sagt: »Na! Da fliegen lauter so schwarze Würmer herum –« (17. Szene). S. dazu Handke selbst in seinem Aufsatz »Horváth und Brecht« (1968), aus dem ich oben (S. 13) zitiere in der Beschreibung seiner Dramaturgie, und Durzaks Kommentar (s.o., S. 20).

S. 94 *Weil der Schnee weiß gewesen ist und weil der Schnee das erste Weiß gewesen ist, das ich gesehen habe, habe ich alles, was weiß war, Schnee genannt:* abgewandeltes Kaspar-Hauser-Zitat, vermittelt durch Anselm von Feuerbach; s. dazu Handkes Kommentar im Gespräch mit Arthur Joseph (s.o., S. 18).

S. 99 *Hört ihr's? Stille. Hört ihr? Stille. Pst. Stille.:* abgewandeltes Zitat aus Georg Büchners Erzählung »Lenz« (1839), wo die Wurzel für den ›Wahnsinn‹ der Hauptfigur lokalisiert wird in Lenz' Leiden am Leid der Welt. Die Erzählung schließt mit einem kurzen Gespräch zwischen Lenz und Oberlin. »Im Weggehn wandte er sich plötzlich um und trat wieder ganz nahe zu Oberlin und sagte rasch: ›Sehn Sie, Herr Pfarrer, wenn ich das nur nicht mehr hören müßte, mir wäre geholfen.‹ – ›Was denn, mein Lieber?‹ – ›Hören Sie denn nichts? hören Sie denn nicht die entsetzliche Stimme, die um den ganzen Horizont schreit und die man gewöhnlich die Stille heißt?‹ « (S. auch meinen Kommentar zu Werner Herzogs Kaspar-Hauser-Film »Jeder für sich und Gott gegen alle«, S. 18)

S. 102 *Ziegen und Affen:* Zitat aus William Shakespeares Tragödie »Othello« (1604) (s. dazu o.,S. 19 f.).

3 Struktur des Textes

3.1 Handlung, Figur, Thematik

Die Fabel des *Kaspar* ist ungefähr diese: ein Mann quält sich, halb geschoben, halb gezogen – von wem ist unklar – durch den Spalt eines Vorhangs auf eine Bühne. Er steht da, still. Er geht, stolpert, fällt hin, steht auf, fällt wieder hin, sitzt da. Daraufhin beginnt er zu sprechen. Er spricht den Satz: »Ich möcht ein solcher werden wie einmal ein andrer gewesen ist.« Er wiederholt den Satz, einmal, zehnmal, als Aussage, als Frage, als Bitte, als Befehl, als Ausruf der Freude, der Erleichterung, der Wut, der Ungeduld, der Angst, als Gesang und, schließlich, als Schrei. Daraufhin beginnt er, die Gegenstände um sich herum wahrzunehmen, den Stuhl, den Schrank, das Sofa; ungeordnet. Er richtet seinen Satz an sie; die Gegenstände reagieren nicht. Er wird gewalttätig, stößt mit dem Fuß gegen sie, die Schranktüren öffnen sich. Der Mann reagiert mit seinem Satz.

Plötzlich setzen Stimmen unsichtbarer Figuren ein. Sie sprechen leise, monoton, ohne Modulation. Eine Art ›Tanz nach Musik‹ beginnt. Der Mann bewegt sich zwischen den Gegenständen und wird dazu begleitet von Sätzen und Satzfragmenten jener Stimmen. Etwas stimmt jedoch nicht. So, als fühle er sich von den Stimmen belästigt, spricht er wie zur Abwehr immer wieder seinen ersten eigenen Satz. Vergeblich. Er gerät ins Stocken, sein Satz zerfällt ihm in Teile, Silben und Buchstaben. Er verstummt. Die Stimmen sprechen weiter. Und plötzlich beginnt der Mann wieder zu sprechen, diesmal nicht den eigenen Satz, sondern die Sätze und Satzfragmente der anderen. Dann spricht er seinen ersten ordentlichen Satz, der semantisch und syntaktisch aus der vor- und nachgesprochenen Ordnung fällt. Der Satz handelt vom Schmerz. Der Mann spricht weiter, wiederholt Aussagen, Feststellungen, Aufforderungen, Spruchweisheiten, Gebrauchsanweisungen, Werbeslogans, Redensarten, Tautologien, Metaphern usw. der Stimmen, dabei oft ›komische‹ Sätze bildend, die syntaktisch in Ordnung, inhaltlich aber sinnlos sind; zum Beispiel: »Der Verurteilte macht eine Luftsprung aber einsichtig« (46) oder »Es ist *selbstverständlich, daß* der Mehlsack die Ratte erschlägt« (48). So bringt der Mann zuerst seine Sprache, dann seine Kleidung und schließlich seinen Raum in Ordnung. Er steht am Schluß da ganz ordentlich wie der, zu dem er werden wollte, nämlich: wie ein anderer, der er am Anfang war. Er präsentiert sich als Weiser, erzählt, wie er zu dem geworden ist, der er nun ist, während andere inzwischen auf der Bühne aufgetauchte, ihm ähnliche, aber sprachlose Männer so tun, als wollten sie werden wie er.

Sie verhalten sich zunächst still, beginnen den anderen dann zu stören durch monströse – halb tierische, halb menschliche – Geräusche, werden lauter und lauter. Der Mann am Mikrofon fällt plötzlich in ihre Geräusche ein, ahmt sie nach. Am Ende veranstaltet die Gruppe einen Höllenlärm und fällt nach einem letzten Stammeln des Mannes am Mikrofon zurück hinter den Vorhang, durch den sich jener anfangs gequält hatte.

Diese Nacherzählung suggeriert ein geradezu klassisches Muster der deutschsprachigen Literatur, den Bildungs- und Entwicklungsroman des 18./19. Jahrhunderts, mit seinem Thema der (harmonischen?) Integration des einzelnen in die Gemeinschaft. Die Stationen des Werdegangs sind gewöhnlich Geburt, Kindheit, Reife; erzählt werden sie meist aus dem Rückblick und nachdem die Hauptfigur eine Wandlung durchgemacht hat. Als zentrales Kompositionsprinzip funktioniert das Ich – wie im *Kaspar*, wo dieses Muster zitiert wird. Die in allen Szenen anwesende Hauptfigur wird auf der Bühne geboren und erzogen und reift heran zu einer ›Persönlichkeit‹. Und: löst daneben ganz langsam sich auf. Hier liegt der Bruch mit der Tradition. Integration wird als Negativ-Modell präsentiert, ähnlich freilich der Struktur von Bildungs- oder Entwicklungsromanen des 20. Jahrhunderts, wie Rainer Maria Rilkes *Aufzeichnungen des Malte Laurids Brigge* (1910) oder Max Frischs *Stiller* (1954) oder Erika Burkarts *Zurück zu den Schafen* (1979), deren Konflikthandlung sich konzentriert auf die Spannung zwischen dem/der einzelnen und der Gemeinschaft, zwischen Bedürfnis und Rolle, oder: auf die Entpersönlichung des Individuums durch den gesellschaftlichen Zwang zur Konvention und Konformität.

Handke radikalisiert das Thema, indem er das *Medium* dieses Anpassungszwanges selbst, die Sprache, zum Gegenstand des Stückes macht. »Das Stück ›Kaspar‹ zeigt nicht, wie ES WIRKLICH IST oder WIRKLICH WAR mit Kaspar Hauser. Es zeigt, was MÖGLICH IST mit jemandem. Es zeigt, wie jemand durch Sprechen zum Sprechen gebracht werden kann. Das Stück könnte auch ›Sprechfolterung‹ heißen.« (7) Die ersten Sätze des extensiven Einleitungstextes (7 – 10) erklären die Handlung, die Figur, die Thematik und stellen darin formal eine Episierung dar im Sinne Brechts, die die Distanz der Zuschauer zu dem unmittelbaren szenischen Vorgang intendiert und die die Einfühlung in die Handlung und Identifikation mit der Figur verhindern soll. Definiert wird die Figur in einer Doppelbewegung. Einmal, konkret, durch den Rückgriff auf die historische Figur Kaspar Hauser, zum andern, abstrakt, durch den Gebrauch des indefiniten Pronomens »jemand«. In der Negation der ersten und Affirmation des zweiten wird ›Geschichte‹ aufgehoben im doppelten Sinne: als Historie und ›story‹. Deshalb ist Kaspar auch kein Jedermann. Oder nicht nur. Er trägt eine Maske, seine Aufmachung ist betont »theatralisch« (11), der Raum, in dem er agiert, ist die Bühne. Kaspar ist eine Kunstfigur oder das, was man im englischen »artifact« nennt, ein Kunsterzeugnis, das die Spuren des Werkzeugs und/oder die seines Schöpfers, von dem es produziert worden ist, mit ausstellt – wie die Sprache, von der wir oben sagten, daß sie ›zweigleisig‹ sei, Angelpunkt gewissermaßen, wo sich Innenwelt und Außenwelt ineinander verschieben.

Die Rolle der letzteren spielen die »Einsager«, nicht sinnlich-konkret, sondern unsichtbar-abstrakt. Welt ist in diesem Stück nur präsent als Sprache, *entsinnlicht* – wie die Sprache, die die Einsager sprechen. Durch sie wird Kaspar produziert, erzogen, denn es sind sie, die zwischen seinem Sprechen, Denken und Handeln und den Gegenständen vermitteln. Sie machen ihn *wörtlich* zum »artifact«. Das Problem dabei ist nicht, *daß* sie sprechen, sondern *wie* und *warum* – in vertrauten Wörtern:

Redensarten, Glaubenssprüche, Metaphern, Tautologien; in vertrauten Modellen: Aussagesätze, Ausrufesätze, Aufforderungssätze, Satzfetzen; in vertrauten Satzgefügen: Kausalsätze, Konditionalsätze, Konzessivsätze, Finalsätze, Konsekutivsätze. Es fehlen die Fragesätze.

Absichtlich. Denn eingeschrieben in die sprachliche Ordnung, in die sie Kaspar einweisen, ist die *fraglose* Anerkennung der sich in dieser Sprache artikulierenden gesellschaftlichen Ordnung (31); der Anspruch auf Wahrheit also. Das erfordert die Zerlegung von Kaspars Innenwelt, seiner Individualität, deren Zeichen im Kontext des Stückes sein erster Satz ist. Der wird ihm mit Gewalt ausgetrieben und neu arrangiert. Übrigbleibt eine Leerformel, die Tautologie »Ich bin, der ich bin« (56), die der Anfang wiederum ist für Kaspars (unbewußtes) ›Gegen-Spiel‹. Denn auf die Tautologie folgt unmittelbar ein »IRRER«-irriger Satz, ein Fragesatz, dessen Inhalt und Grammatik aus der Ordnung fallen: »Warum fliegen da lauter so schwarze Würmer herum?« (56). Und hier zeigt sich der Konflikt des Stückes, artikuliert nicht mit der Sprache, sondern *in* der Sprache, im Sprechvorgang selbst: der zwischen alltäglichem und poetischem Sprechen oder: zwischen Rolle und Bedürfnis. Das Spiel-Gegenspiel funktioniert bis zum Schluß, bis sich Kaspar vor das Mikrofon stellt und seine Geschichte re-präsentiert (Szene 62 ff.). Zunächst als ›Wirklichkeit‹, nämlich: die Wiederholung dessen, was die Zuschauer schon wissen, des Bühnenvorgangs; er wiederholt sie in der Rolle des Bekenners, in inniger Ironie in der Zeitform des epischen Präteritums, der dichterischen Ausdrucksweise der Nachahmung der Wirklichkeit. Wieder unterbricht er sich plötzlich, wieder mit einem Fragesatz: »Was habe / ich doch / gerade / gesagt?« (90) Die Gegenbewegung setzt ein: das Sprechen im Perfekt und im Stil der Reflexion. Fremdheit ist das Signal dieses Stil-Bruchs. »Erst mit einem unordentlichen Gegenstand fangen die Geschichten an. Du selber bist in Ordnung, wenn du von dir selber keine Geschichte mehr zu erzählen brauchst« (31f.). Kaspar erzählt seine Geschichte, fällt in sich zurück in der Erinnerung an damals und einmal, an Erfahrungen wie Scham, Angst, Schrecken und Schmerz. Sie gipfeln paradoxerweise in der Erkenntnis: »Schon mit meinem ersten Satz bin ich in die Falle gegangen« (98). Der Doppelcharakter der Sprache wird erkennbar: als Instrument der Selbstentfremdung *und* der Selbsterkenntnis.

Die Einsicht in dieses Paradoxon sowie die Anwesenheit seiner ›Doppelgänger‹, der fünf anderen Kaspars, Zeichen seines (von außen produzierten) Selbst, verursachen einen Erkenntnis-›Ruck‹ (siehe Schlußvorhang), der rück- und vorgreifend mündet in Anarchie: »Ich: bin: nur: Ziegen und Affen: Ziegen und Affen:« (101 – 102). Das *ist* so, ontologisch, Kaspar/»jemand« hat keine Wahl; man ist da und wird belästigt.

3.2 Aufbau einer Figur: »Kaspars sechzehn Phasen«

Handke hat nachträglich diesen (Abbau-) Aufbau (-Abbau) einer Figur kommentiert in *Kaspars sechzehn Phasen* (Stücke 1, S. 207), nicht zufällig in Form von Fragen, die das Offene der Struktur des Stückes wiederholen (und das Motto von Ernst Jandl zitieren):

1. Phase	Kann Kaspar, der einen Satz hat, mit diesem Satz anfangen und etwas anfangen?
2. Phase	Kann Kaspar mit seinem Satz gegen andre Sätze etwas ausrichten?
3. Phase	Kann sich Kaspar mit seinem Satz gegen andre Sätze zumindest behaupten?
4. Phase	Kann Kaspar sich gegen andre Sätze wehren und sich, obwohl ihn die Sätze zum Sprechen anstacheln, still verhalten?
5. Phase	Kann Kaspar erst dadurch, daß er sprechen kann, das, von dem er spricht, wahrnehmen?
6. Phase	Kann Kaspar, der Sätze hat, mit diesen Sätzen nicht nur gegen andre Sätze, sondern auch gegen die Gegenstände der andern Sätze etwas ausrichten?
7. Phase	Kann Kaspar mit Hilfe von Sätzen über die Ordnung oder besser: mit geordneten Sätzen, sich selber in Ordnung bringen?
8. Phase	Kann Kaspar aus der Ordnung *eines* Satzes eine ganze Reihe von Sätzen bilden, die eine *umfassende* Ordnung darstellen?
9. Phase	Kann Kaspar lernen, was jeweils das Modell ist, mit dem eine unendliche Zahl von Sätzen über die Ordnung beliebig hergestellt werden kann?
10. Phase	Kann sich Kaspar mit den gelernten Satzmodellen die Gegenstände zugänglich machen oder aber den Gegenständen zugänglich gemacht werden?
11. Phase	Kann Kaspar mit Sätzen seinen Beitrag zur großen Gemeinschaft der Sätze leisten?
12. Phase	Kann Kaspar dazu gebracht werden, mit Sätzen, die sich reimen, sich auf die Gegenstände der Sätze einen Reim zu machen?
13. Phase	Kann Kaspar sich Fragen stellen?
14. Phase	Kann Kaspar mit unbefangenen Sätzen, die er auf seine alten befangenen Sätze anwendet, die verkehrte Welt dieser Sätze umkehren?
15. Phase	Kann Kaspar sich wenigstens mit einer verkehrten Welt von Sätzen gegen verkehrte Sätze von der Welt behaupten? Oder: Kann Kaspar, indem er verkehrte Sätze verkehrt, wenigstens den falschen Schein der Richtigkeit meiden?
16. Phase	Wer ist Kaspar jetzt? Kaspar, wer ist jetzt Kaspar? Was ist jetzt, Kaspar? Was ist jetzt Kaspar, Kaspar?

Die 65 Szenen lassen sich danach ungefähr folgendermaßen ordnen, wobei sie leicht in drei Hauptphasen oder in eine Dreiheit von Vor-, Haupt- und Nachspiel zu fassen sind, die – und das muß betont werden – nicht linear, sondern eher *spiralig* verlaufen und gekennzeichnet sind durch ihre Grundoperationen der Zerlegung und des Arrangements:

Vorspiel	(Szenen 1 – 7):	Kaspars Auftritt (Abbau)
Hauptspiel	(Szenen 8 – 50):	Kaspar und die Einsager oder: der Erziehungs- und Lernprozeß (Aufbau)
Nachspiel	(Szenen 51 – 64):	Kaspars Abgang (Abbau)

Ein Einakter sozusagen, minutiös oder »zeitlupenhaft« (Joseph/Handke, S. 34) zergliedert in 65 Teile, die sich um *eine* Achse winden: das Ich, das Subjekt – um die Frage: wer ist Kaspar?

1. Phase: Szenen 1 bis 7

Kaspars Auftritt, in der minutiösen Beschreibung der Bewegungen des Vorhangs und Kaspars Hervortreten durch den Spalt zur symbolischen Geburt der Bühnenfigur stilisiert (1. Szene). Bericht von Kaspars Aufmachung, Verhalten, Ausdruck (2. Szene). Kaspars Gehversuche, sein Fall und die Reaktion darauf: Stillstand (3. Szene). Kaspar sagt seinen Satz, ohne einen Begriff zu haben von seiner Bedeutung (4. Szene). Wiederholung des Satzes im Spiel mit seinen Ausdrucksmöglichkeiten. Kaspars zweiter Fall, die Reaktion darauf: sein Satz. Wahrnehmung der Umwelt und die Reaktion darauf: sein Satz. (6. Szene). Weitere Gehversuche, Anrede an die Bühnengegenstände mit seinem Satz (7. Szene). Zwischen Kaspars Bewegungsablauf und der Bedeutung seines Satzes klafft eine Lücke, die den Eindruck von Unbeholfenheit erweckt, von Fremdsein. Hier liegt der Anfang von Kaspars ›Geschichte‹.

2. Phase: Szene 8 bis 13

Bericht von der »Dreiteilung der Vorgänge« als indirekter Selbstkommentar zur Struktur des Lernprozesses: hier Kaspar, seine Aktionen und sein Satz, dort die Einsager und ihr Programm. Wichtig ist, daß die Einsager auf den Sinn von Kaspars Satz nicht eingehen, stattdessen ihr eigenes Sprechen spielen, Kaspar darauf aufmerksam machend, was er mit seinem Satz alles drehen kann; *Nützlichkeit* ist ihr Motiv. Konsequent mit der inhaltlichen Konstellation beginnt mit dieser Szene die zweispaltige Druckanordnung, die bis zur 50. Szene durchgehalten wird (»Die Einsager sind still«, S. 66) und nach kurzer Unterbrechung (Szenen 51 – 60) in der 61. Szene wieder aufgenommen und bis zum Schluß fortgesetzt wird, dort nicht mehr horizontal, sondern vertikal montiert (Kaspar ist schließlich selbst zum Einsager geworden). Hier vorerst und in den folgenden Szenen das Nebeneinander, darin die Dialog- und Handlungsspannung konkretisierend, mit der jeweils linken Spalte Kaspars Bewegungen sowie seine Sprech- und Abwehrversuche beinhaltend, mit der rechten die Sätze und Satzmodelle der Einsager. Gegenüber stehen sich also Bewegung und Sprechen. Da es das Ziel der Einsager ist, beides zu synchronisieren, liegt die Spannung für die Zuschauer in der Frage, ob und wann ihnen das gelingen wird.

3. Phase: Szenen 14 bis 16

Kaspar wird durch die Einsager »zum Stocken gebracht«, da er durch ihr Sprechen auf sein Sprechen aufmerksam geworden ist; er wird still. Die Einsager identifizieren ihre ›Welt‹, hier und jetzt, mit den Schlüsselwörtern »lernen« und »Ordnung« (15. Szene). Die Bühne wird daraufhin finster – wie überhaupt das Spiel mit Licht und Dunkel eingesetzt wird, um bestimmte Brüche im Modell zu markieren.

4. Phase: Szenen 17 und 18

Erster Höhepunkt: Kaspar wird der eigene Satz durch das hysterische (»heftige«) Sprechen der Einsager ausgetrieben. Zunächst wehrt er sich mit seinem Satz, aber bald zerfällt ihm dieser in Teile, Silben und Buchstaben, bis Kaspar vor Schrecken »keinen Laut« mehr hervorbringt. Dazwischen der dröhnende Gegen-Satz: »Ordnen. Stellen. Legen. Setzen.« (17. Szene).
In der 18. Szene wird der schweigende Kaspar zum Sprechen gebracht. Vorgesprochen werden ihm Modelle wie kontradiktorische Aussagesätze über die ihn umgebenden Bühnengegenstände, dann unsinnige, tautologische oder kontradiktorische Aussagesätze über den Empfindungszustand »Ekel«, dann Kontradiktionen von Wahrnehmungs- und Spracheindrücken (»Der Stuhl tut dir noch weh, aber das Wort Stuhl freut dich schon.«) sowie Worte und Wortkombinationen ohne Verben. Kaspar beginnt nachzusprechen, zunächst einzelne Worte, dann Wortgruppen, dann einen längeren, grammatikalisch noch falschen Satz und schließlich einen »ordentlichen Satz«, der ein abgewandeltes Zitat eines Kaspar-Hauser-Satzes ist; sein Inhalt: der Schmerz. (Zugleich wird darin eine typische Handkesche Ur-Situation zitiert, denn seine Texte allgemein kreisen um, ja werden geradezu in Gang gesetzt durch Motive der Gewalt und des Schmerzes.)

5. Phase: Szene 19

Kaspar ordnet sprachlich seine Wahrnehmungen und Empfindungen. Indem er gelernt hat, was ein ordentlicher Satz ist, weiß er nun auch, was »Unordnung« ist. Da er vorher keinen ordentlichen Satz sprechen konnte, zieht er den (schein-logischen) Schluß, daß er es gewesen sein muß, der die Unordnung geschaffen hat (siehe Kausalkonjunktionen und Relativadverbien). Konsequent mit seinem ordentlichen Satz wird er nun Ordnung schaffen (siehe die folgenden Phasen).

6. Phase: Szene 20

Jene (sprachphilosophische) Erkenntnis, daß Gegenstände und Empfindungen erst dann existieren, wenn sie sprachlich existieren, wird nun für Kaspar zum Motiv des Lernens; »Das merken und nicht vergessen«, hämmert er sich ein. Die Einsager unterstützen ihn dabei, lehren ihn, wofür »ordentliche Sätze« nützlich sind: sich und seinen Raum in die vor-geschriebene Ordnung zu bringen.

7. Phase: Szenen 21 bis 24

Kaspar bringt – schweigend – seine Kleidung in Ordnung, wobei das Moment der Dressur am forciertesten in der 23. Szene ›aufscheint‹ (siehe Scheinwerfer): im Zuknöpfen-Aufknöpfen-Zuknöpfen seiner Jacke, ein Vorgang, der begleitet wird vom Rhythmus der Worte der Einsager – Knopf für Knopf = Wort für Wort. Kaspars (äußere) Gestalt wird den Worten angepaßt.

8. Phase: Szenen 25 und 26

›Folglich‹ bringt Kaspar nun auch die Bühnengegenstände, seinen Raum, in geordnete Beziehung. Nebenher bombardieren die Einsager ihn mit Meinungssätzen, die übergehen in Partizipialwendungen, deren Inhalt die Gewalt ist (»geschlagen«, »geprügelt«, »niedergeschlagen«, »ausgerottet«, »zerschlagen«), in dieser Montage das Hauptmotiv des Stückes zeigend, nämlich: daß Ordnung und Gewalt ein- und dasselbe sein können.
Erstes Fazit nach der 8. Phase: Kaspar hat gegen die Sätze der Einsager nichts »ausrichten«, sich nicht »behaupten«, nicht »still verhalten« können, hat gelernt, daß er erst dadurch, daß er sprechen kann, das, wovon er spricht, wahrnehmen kann, hat gelernt, mit ordentlichen Sätzen, äußerlich alles in Ordnung zu bringen. Kaspar ist teilweise angepaßt.

9. Phase: Szene 27

Diese Szene ist die längste des Stückes. Nicht zufällig, denn sie ist sein ›Wendepunkt‹. Nach einer Variation von sprachlichen Modellen, erfolgt plötzlich am Ende der Szene der erste der drei großen Brüche in Kaspars Sprechvorgängen. Zunächst die Modelle, die von den Einsagern vorgesprochen und von Kaspar syntaktisch (nicht inhaltlich) nachgesprochen werden und die schon vom Druckbild her nach Gruppen geordnet sind (s. Mixner, S. 64 ff.):

1. »Der Raum ist klein, aber *mein*« (45): negative Eigenschaften werden durch Kontradiktionen in positive verkehrt, ohne daß damit unbedingt Wirklichkeit bezeichnet würde.
2. Die Satzschemata »sowohl – als auch«, »nicht nur – sondern auch«, »zwar – aber«, »zwar – aber auch« (46): gegensätzliche, einander oft ausschließende Eigenschaften werden einem Gegenstand, Sachverhalt oder Begriff zugeordnet, wobei der positive Aspekt den negativen Aspekt scheinbar aufhebt: »Der Krieg ist zwar ein Unglück, aber manchmal unvermeidbar.«
3. Das Satzschema »je – desto« (47): scheinbare Kausalzusammenhänge werden suggeriert, die eine Behauptung als Tatsache erscheinen lassen: »*Je* weiter nach Süden, *desto* fauler die Leute.«
4. Das Satzschema »Es ist *selbstverständlich, daß*« (48): die Konvention wird zur Norm, ja zu etwas Natürlichem erhoben.

5. Die als Satzsubjekt verwendeten Indefinitpronomen »jeder« und »niemand« (48 – 49) behaupten Ausschließlichkeit.
6. Ein Begriff wird durch einen Gegenbegriff negiert (49): »Armut ist *keine* Schande.«
7. Schein-logische Schlußfolgerungen (49 – 50): »Das Tier *krepiert*. Die Granate *krepiert*. Könnte das Tier nicht krepieren, könntest du nicht sagen: die Granate krepiert.«
8. Die Konfrontation von Behauptung und Gegenbehauptung, wie sie im politischen Diskurs gebräuchlich ist (51): »Es ist nicht wahr, daß die Verhältnisse so sind, wie sie dargestellt werden; wahr ist vielmehr, daß die Verhältnisse anders sind, als sie dargestellt werden.«
9. Sätze, die aus einem Verb und zwei Pronomen bestehen, wobei als Satzsubjekt Personal- und Indefinitpronomen (2. Person) und als Satzobjekt Reflexiv- und Personalpronomen (jeweils der 2. Person) wechseln: »Du bückst *dich;* jemand sieht *dich*« (51): die Identität der Pronomen verwischt die Grenze zwischen Subjekt und Objekt und hebt den Unterschied zwischen den Sätzen »jemand erklärt *dich* ... du erklärst *dich*« vordergründig auf.

Kaspar spricht Worte und Modelle der Einsager nach, die Einsager sprechen ihm das Personalpronomen »du« vor sowie Bewußtseins-, Verhaltens- und Reaktionsmuster, die in der Aufforderung münden »Denk, was du sagst« (55).
Die Szene endet mit einer Tautologie »Ich bin, der ich bin«, auf die, nach dem Einhalten in seinem Bewegungsvorgang, Kaspar den regelwidrigen Fragesatz spricht: »Warum fliegen da lauter so schwarze Würmer herum?« Es ist ein Zitat aus Horváths *Glaube Liebe Hoffnung* (s. Wort- und Sachkommentar). In der Montage von allgemeinem, leerem (tautologischem) und poetischem Sprechen zeigt sich der eigentliche Konflikt des Stückes, der Bruch in Kaspars Bewußtsein, die Spaltung zwischen Rolle und Bedürfnis.

10. Phase: Szenen 28 bis 50

Danach schweigt Kaspar; stumm wird er ruhiger. Seine Erziehung durch die Einsager ist abgeschlossen. Er ist »aufgeknackt« (31. Szene). Daraus folgt die Fragmentierung, versinnlicht in der Gegenwart anderer Kaspars. Eine Wiederholung der Vorgänge setzt ein. Sätze der Einsager werden illustriert in den Aktionen der sich multiplizierenden Kaspars. So beispielsweise in der 32. Szene, wo die Einsager behaupten »Du wirst schmutzempfindlich«, woraufhin in der folgenden Szene einer der Kaspars prompt auf die Bühne tritt und diese fegt. Oder in der 38. Szene, wo befohlen wird »Aufmerksam werden, daß alles von selber wieder in Ordnung kommt«, woraufhin in der 39. Szene einer der Kaspars mit der Faust gewalttätig auf das Polster der Couch drückt, das ebenso prompt wieder seine ›ursprüngliche‹ Form gewinnt (62). Vorführungen von »Bewegungen« (der rollende Ball), »Schmerzen« (die sich an den Flammen eines Streichholzes verbrennenden Finger), »Geräusche«, »Ton«, »Augenblick« folgen. Danach sind die Einsager still (bis zur 60. Szene); schließlich hat sich alles eingespielt.

11. Phase: Szenen 51 bis 57

Stumm zeigt Kaspar, wie er sich mit den gelernten Satzmodellen die Gegenstände, Figuren und sich selber zugänglich macht: er öffnet sich gewaltsam seine zur Faust geballte Hand, »sieht« den andern Kaspar, steht vor dem Schrank, sieht an sich selber herunter, versucht sich selbst einzufangen. Ominös die sich schon vorher immer wieder öffnenden Schranktüren. Hier bleiben sie (noch) einmal zu (67).

12. Phase: Szene 58

Kaspar beginnt seine Rede, die sich über fünf (Schluß-)Szenen hinzieht (58, 62–65) und in der 64. Szene semantisch und stilistisch ›zerbrochen‹ wird durch den die Reflexion einleitenden Fragesatz (90). Er beginnt mit dem, was die Zuschauer/-hörer eigentlich schon wissen, mit der Gegenwart, hier und jetzt, auf der Bühne, mit der Beschreibung dessen, was er nun ist/geworden ist: mit der Vorstellung (im Sinne von Bekanntmachung) seines ›Charakters‹. Eine vertraute Figur: »verantwortungsbewußt«, »fleißig«, »Ordnungsliebe«, »Sauberkeit«, »pflichtbewußt«, »nützlich« usw.; das Publikum erkennt sie (sich?) wieder. Kaspar ist schon Mitglied der Gesellschaft. Sein Stil freilich verrät die Leere: in der Wiederholung des Satzsubjekts und des Satzgefüges erstarrt seine Rede zur Litanei, zu der auch der triviale Reim (69) gehört. Das Ich dieser Sätze funktioniert lediglich als Subjekt der Grammatik.
Von der Kommunikationssituation her ist Kaspars Text das, was man allgemein als situativ oder situationsintern bezeichnet, d.h., Kaspar bezieht sich auf ein Wahrnehmungsfeld, das er – zumindest nach seiner Vorstellung – *augenblicklich* gemeinsam hat mit den Zuschauern/-hörern. Merkmale dieser Art von Texten sind eine Aufmerksamkeit heischende Ankündigungsstufe (siehe Kaspars Bewegungen am Anfang der Szene), die Fixierung der am Gespräch beteiligten Figuren durch Pronomen der ersten und zweiten Person (in dieser Szene »Ich«, später dann »ihr« [99]) und als deutlichstes Erkenntnissignal zeigende Gesten und Wörter, beispielsweise Demonstrativpronomen und -adverbien (in dieser Szene das punktuelle »jetzt«, »hier«, später dann »damals«, »einmal« [93 ff.]); dazu die Redundanz (die mehrfache Formulierung des Sachverhalts): hier grundsätzlich die Wiederholung der ›Geschichte‹ in Kaspars Rede (an das Publikum), und zwar Wiederholung in *Spiegelverkehrung*. Sie setzt ein in dieser Szene in der für diese Kommunikationssituation charakteristischen Parataxe (= Hauptsatzstil) und Zeitform des Präsens (nebeneinander montierend die Bühnenfigur und das Publikum, hier und jetzt, an diesem Ort), geht über ins epische Präteritum und in den Vers (62. Szene), darin die Haupthandlung wiederholend (Kaspars Erziehung durch den Zwang zur Nachahmung), und endet situativ im Gebrauch des Perfekts und Präsens (64. und 65. Szene), darin die Anfangssituation wiederholend (siehe Zeitform von Kaspars erstem Satz), ihr gleichzeitig aber auch widersprechend. Signal ist der Gebrauch der Hypotaxe in den beiden letzten Szenen, ein Stilmerkmal reflexiver Texte. Dieser ›Widerspruch‹ dient der Situation: Kaspar stellt sich noch einmal vor, diesmal im Sinne von *Erinnerung*, er versinkt in sich selber auf den Spuren nach dem Motiv hinter seinen Erfahrungen von Scham, Angst, Schrecken, Schmerz, Erfahrungen, von denen die Zuschauer/-

hörer noch *nichts* wissen. Kaspar stellt sich also dar (oder bloß) und ruft darin sich und indirekt die Zuschauer/-hörer zu Entscheidungen auf (die freilich offen bleiben). (S. auch Szenen 62 – 65)

›Spiel-im-Spiel‹: Szene 59

Kaspar unterbricht sich, es folgt die Pause, die durch die Numerierung in das theatralische Geschehen integriert wird, eigentlich aber nur wiederholt, worauf das ganze Stück hinzielt: die Zuschauer zu Teilnehmern zu machen. Dem dient die in der vorhergehenden Szene eingeleitete situative Darstellung ebenso wie die Wiederholung der Handlung auf der Ebene Bühne – Zuschauer: wie Kaspar durch die Einsager werden die Zuschauer jetzt mit Sätzen und Satzmodellen bombardiert, einer Geräusch-Collage aus sinnlos zu Sätzen geformten Phrasen, Redensarten, stereotypen Bildern und Metaphern. Im letzten Teil dieser »PAUSENTEXTE« wird, wie erwartet, in »ordentlichen Sätzen« geredet, deren Inhalt die Gewalt ist.

13. Phase: Szenen 60 und 61

Ein retardierendes Moment: Kaspar und seine ›Doppelgänger‹ zeigen den »Ausdruck der Zufriedenheit«; die Handlungen der fünf ›anderen‹ Kaspars werden begleitet vom Rezitativ der Einsager, Kaspars ›Arie‹ in der folgenden Szene vorbereitend.

14. Phase: Szenen 62 und 63

Kaspar ›singt‹ den Lobgesang auf seine ›Entwicklung‹, »seine Stimme wird der der Einsager ähnlich«. Er singt im Präteritum, der Zeitform des Erzählens, ist also ein Fiktionssignal. Die anderen Kaspars (sein Alter ego) beginnen ihn nun durch monströse Geräusche zu stören (85). Kaspar wehrt sich, eine Umkehrung der 1. Phase, wo er sich mit seinem eigenen Satz gegen die Sätze der Einsager wehrte. Fiel er dort langsam in die Sätze der Einsager ein, fallen hier die Einsager nach und nach in Kaspars Singen ein, »in der Form eines Kanons, der aber nicht aufgeht« (63), eine Vorwegnahme des Schlusses des Stückes.

15. Phase: Szene 64

Plötzlich bricht Kaspar ab, macht einen Sprung und stellt die Frage nach dem Sinn seiner Sätze (90 – 91); sie mündet in der Erkenntnis ihres Unsinns: »Jeder Satz / ist für die Katz« (92). Es ist das Signal für einen Fremdheitsmoment, durch den der Automatismus des Sprechens eingehalten wird. Eine ›andere‹ Art des Sprechens folgt, situativ wieder im Wechsel zum Perfekt und Präsens, reflexiv im Gebrauch der Hypotaxe. Kaspar lernt, sich zu erinnern. Sein Sprechvorgang endet mit einem Büchner-Zitat (s. Wort- und Sachkommentar).

Kaspars ›Ende‹ seiner Geschichte. Der Schlußsatz faßt in seiner Montage aus Elementen von Kaspars tautologischem Satz, dem alltäglichen Sprechen (»Ich bin, der ich bin« [27. Szene]), und aus seinem Gegen-Satz, dem poetischen Sprechen (Shakespeare-Zitat), die Konflikthandlung noch einmal zusammen, läßt dabei den Ausgang offen (siehe Schlußdoppelpunkt). In Frage gestellt wird darin die aufgebaute Ordnung, einschließlich der eigenen, der des Autors. Denn Kaspar kann nun wieder alles bedeuten: »Wer ist Kaspar jetzt? Kaspar, wer ist jetzt Kaspar? Was ist jetzt, Kaspar? Was ist jetzt Kaspar, Kaspar?«

4 Gedanken und Probleme

4.1 Realistische und theatralische Dramaturgie

Kaspar ist weder eine Tragödie noch eine Komödie noch ein Volksstück, in gewisser Weise ein Lehrstück, ganz bestimmt aber ein Sprechstück. So jedenfalls ordnet der Autor es ein. Sein *Kaspar* sei nichts Neues, erklärt er im Gespräch mit Arthur Joseph, das »ist eine Entwicklung, zu der ich einmal kam, weil ich mich da wieder in ein automatisches Produzieren von Stücken aus purer Sprache einlassen mußte, wo die Wörter nur sich selbst beleuchten. Die Wörter, die puren Wörter, die vorher in der *Publikumsbeschimpfung* auf der Bühne vor sich gehen, verdichteten sich nun zu einer Figur.« (Joseph/Handke, S. 35)
›Vor sich geht‹ im *Kaspar* Theater, pures oder »konkretes« Theater, und zwar darin, daß es sich auf seine Materialität, auf gestische und mimische Vorgänge und Sprechvorgänge, selbst besinnt. Die Ebene der Realität ist nicht eine in Bühnenbild, Requisiten, Kostümen, Schauspielstil und Sprache vermittelte gegenständliche Welt, sondern die Selbstdarstellung des Bühnenbildes, der Requisiten, der Kostüme, des Schauspielstils und vor allem der Sprache und ihrer Mechanismen selbst. Das Stück *Kaspar* spricht nicht *über* etwas, sondern stellt sich selber dar als sprachliche Figur: in »Kaspar« selbst, an dem in minutiöser Künstlichkeit gezeigt wird, wie eine Figur entsteht (und wieder zerfällt) in der Sprache. War die Aporie in der *Publikumsbeschimpfung*, daß dort Theatermachen angegriffen und dabei noch selber Theater gemacht wurde, so ist die Aporie im *Kaspar*, daß hier die Sprache angegriffen wird mit den Mitteln der Sprache, Sprache benutzt wird, um gegen die Sprache zu protestieren. Aber wie ja auch in der *Publikumsbeschimpfung* nicht das Theater schlechthin gemeint war, das Absolutum, so ist auch im *Kaspar* nicht die Sprache schlechthin gemeint, sondern Sprache als geschichtliches Phänomen, wie es jetzt ist. Nicht zufällig sind Ordnung, Sauberkeit, Organisation die dominanten Wörter der Einsager. In ihrer Sprache, von der hier Bestand aufgenommen wird, zeigt sich die Geschichte oder besser: ihr *Begriff* von Welt, der alles, was nicht zu diesem Begriff von Welt paßt (wie Kaspars erster Satz), zum Schweigen verurteilt. »Sprache wird thematisiert«, resümiert Uwe Schultz, »ihr Mechanismus als Methode der erzieherischen Dressur wie des zwischenmenschlichen Machtmißbrauchs vorgeführt, das Ergebnis der Sprachabhängigkeit und puppenhaften Widerstandslosigkeit ausgestellt. Indirekt sind der um späte Sprachfindung kämpfende Kaspar Hauser wie der von fremden Kräften bewegte Puppenkaspar mit im Spiel.« (Schultz, S. 44)
Zur Formalisierung dieser Thematik wird das »Theatertheater« eingesetzt: nachgeahmt werden die *Mittel* des Theaters zur Nachahmung von Welt. Handkes Bühne verdoppelt also die Bühne, die Dramaturgie zur Herstellung von ›Natur‹ auf der Bühne, um »Natur als Dramaturgie« (Handke) zu entlarven. Verdoppelung ist, wie die Analyse der Struktur gezeigt hat, die formale Grundfigur des Stückes (s. Strauß, 1968, S. 68). ›Wirklichkeit‹ wird potenziert präsentiert, um sie als *Kunst* aufzuheben.

Z.B. die Guckkastenbühne, deren Material im Einleitungstext zitiert wird: die »Bühne«, die offen ist, das Bühnenbild, das ein »Bild von der Bühne« ist, die Requisiten, die »Requisiten« sind: ein Stuhl auf der Bühne ist ein Stuhl auf der Bühne, ein Schrank ein Schrank, ein Sofa ein Sofa, ohne Beziehung (= Geschichte) zueinander. Ebenso der Vorgang auf der Bühne, dessen Raum ja die Bühne ist und der »solange dauern« wird, »bis am Schluß des Stücks der Vorhang zugehen wird« (8). Zitiert wird die Theorie von den drei Einheiten – Handlung, Ort und Zeit – der klassischen Illusionsbühne, die in einer einzigen, linear und kontinuierlich durchgeführten Handlung an einem Ort innerhalb eines Tages die Illusion eines wirklichen Geschehens nähren soll. Handkes Spiel auf der Bühne betont dagegen seine Eigenwirklichkeit in der Theatralik des Vorgangs, der Figur, des Raumes und der Zeit.
Wirkungsstrategisch gebraucht Handke dabei Brechtsche Mittel der Verfremdung, wie einen Einleitungstext, die Einführung einer Erzählerfigur (im Einleitungstext und in den Regieanweisungen, potenziert dann im Schlußmonolog der Kaspar-Figur), die Montage also von Bericht und Vorgang, sowie das Formprinzip der Unterbrechung im Spiel mit Licht und Dunkel. *Distanzierung* ist intendiert, wie ich oben sagte, Distanzierung zu den Bühnenvorgängen, mit dem Ziel und Zweck, die Zuschauer zum Beobachten der *Methode* zu bewegen.
Kostüm und Schauspielstil der Kaspar-Figur verfolgen denselben Zweck, nämlich: der Identifikation mit ihr entgegenzuwirken – was wohl nicht immer gelingt, besonders anfangs nicht, wo sich neben der Assoziation zur Kaspar-Hauser-Figur (allein schon durch den Titel des Stücks) vielleicht auch eine Identifikation mit der in Kaspars Bewegungsablauf aufscheinenden Hinfälligkeit einstellen könnte. Möglich, daß dies Teil der Strategie ist, da zum Material der Guckkastenbühne ja auch ein Erwartungshorizont gehört, der hier ebenfalls *re*konstruiert wird, nur um ihn dann zu ent-täuschen und den Raum freizumachen für eine durch die Sprache selbst bewirkte *Entdistanzierung*, nämlich durch die Musikalität von Kaspars erstem Satz. Daneben ist konstitutiv für die Figur auch hier die Unterbrechung durch den »Gestus des Zeigens« (s.o., S. 5 f.), wo Kaspar *wörtlich* mit Kunst aus der Rolle fällt mit jenen Zitaten von Horváth (27. Szene), Büchner (64. Szene) und Shakespeare (65. Szene).
Als Bühnenfiguren mit Spielfunktion stellen sich zudem Kaspars ›Gegenspieler‹ vor; es »sind Souffleure, die bei Beginn des Stücks vor den Augen der Zuschauer in den Souffleurkasten steigen. Dadurch werden sie theatralisiert.« (Joseph/Handke, S. 36)
Danach hat *Kaspar* weder Handlung noch Figur noch Dialog im Sinne der idealistischen Illusionsdramaturgie, sondern ein Muster aus nur gestischen und mimischen Vorgängen und Sprechvorgängen. Als gattungsspezifisches Hauptcharakteristikum szenisch-theatralischer Texte gilt gewöhnlich der Dialog, der als Mittel zur Darstellung des Konfliktgeschehens eingesetzt wird; Handlung konstituiert sich traditionell in der Rede der dramatis personae. Im *Kaspar* ist nur vordergründig das dialogische Prinzip enthalten in der Konfrontation Kaspar – Einsager. Sie ist keine Konfrontation, denn ihr Ausgang steht von vornherein fest (siehe Einleitungstext). Auch kann von »dialogischer Interaktion« der Figuren wahrlich nicht die Rede sein. Das würde grundsätzlich dem Begriff von Erziehung im ästhetischen und gesellschaftlichen Kontext widersprechen. Es ist die Methode, auf die sich der Blick und das Ge-

hör der Zuschauer konzentrieren soll, auf Bewegungs- und Sprechvorgänge selbst. Letztere unterscheiden sich durch Art und Funktion, wie wir gesehen haben, in alltägliches (allgemeines) und poetisches (individuelles) Sprechen, so daß der Dialog eigentlich abläuft *in* der Sprache selbst, in Kaspars Rede. Folglich ist die Struktur des *Kaspar* keine dialogische, sondern eine *monologische*. Oder: der ›Dialog‹ ist ein einziges, großartiges Gespräch der Figur mit sich selber, potenziert in der situativen Kommunikationssituation der Schlußszenen. Produziert wird es dort freilich für ein Gegenüber, für zumindest *eine* Person, »die zuhört«, wie Handke zu seinen Sprechstücken bemerkt, »sonst wären sie keine natürlichen Äußerungen, sondern vom Autor erzwungen« (Stücke 1, S. 201).

Hans-Peter Franke hat hinsichtlich der Rolle der Zuschauer/-hörer im *Kaspar* den Unterschied zwischen »realistischer« (mimetischer) und »theatralischer« Dramaturgie schematisch verdeutlicht (S. 18):

	Verhältnis der Bühne zur Welt	Verhältnis der Bühne zum Zuschauerraum
Realistische Dramaturgie	*Abbild* *Fiktion*	*Trennung* (verschiedene Wirklichkeitsbereiche)
Theatralische Dramaturgie	*Trennung* *Modell*	*Keine Trennung* (gleicher Wirklichkeitsbereich)

Die zweite Spalte zeigt, daß auch Handke, wie vor ihm Brecht, Lessing oder Aristoteles, sein Theatertheater definiert vom Ende, vom Wirkungsästhetischen her. Konkret leisten soll es zweierlei: 1. das Bewußtmachen der Theaterwirklichkeit mittels der Technik der Verfremdung; 2. die Veränderung des Verhältnisses von Bühne und Zuschauer durch die Einbeziehung der Zuschauer/-hörer in das theatralische Geschehen. Einerseits *Distanzierung*, andererseits *Entdistanzierung*, Verfremdung und Wiedererkennen zugleich ist die erwartete Haltung der Zuschauer, die im Theater konkretisiert wird im Moment des Zwiespaltes, im Hin- und Hergerissen-Sein der Zuschauer zwischen Sehen (Kaspars Bewegungsvorgänge) und Hören (Sprechvorgänge). Aber vielleicht liegt darin die Möglichkeit des Stückes, sein (utopischer) Anspruch. Denn es ist ja bekanntlich die *Lücke* zwischen Fremdheit und Vertrautheit, wo das Nach-Denken einsetzt. Reflexion und Erinnerung als Widerstand gegen das Vergessen und die Macht der Außenwelt. Unter diesem Gesichtspunkt ist auch Kaspars Erzählen seiner Geschichte zu verstehen, wo er sich nachträglich zu (er-)fassen versucht. Lernen, sich zu erinnern: da sollen die Zuschauer/-hörer ankommen – bei der »eigenen Geschichte« (8). Dazu gehört die Vorstellung vom authentischen Zustand (»ich habe *mich selber noch erlebt*«, 100 f.), die die (Hypo-) These dieses Stückes ist.

4.2 Die Figur: Tragik oder Ideologie?

Die theoretisierende Explikation des *Kaspar* von seiten der Literaturkritik läßt sich je nach Begriffsintention und Vokabular ordnen in die strukturanalytische, wirkungsästhetische, anthropologische und historisierende, vier Verfahren, die nach Peter Pütz die Möglichkeiten der Übersetzung der Fiktion in den Diskurs darstellen. Für die strukturanalytische Deutung und ihre Orientierung an der Handlung, ihren Elementen und konstitutiven Prinzipien ist der dritte Teil dieses Bandes ein Beispiel (s. auch die Arbeiten von Günter Heintz, Werner Thuswaldner und Manfred Mixner). Aus wirkungsästhetischer Sicht wurden soeben die Form und Strategie des Stückes behandelt.

In der anthropologischen Betrachtungsweise steht die Figur und die Frage nach ihrem Dasein und Verhalten im Mittelpunkt, um an ihnen Überzeitliches menschlicher Existenzweisen zu erörtern. In der historisierenden Deutungsweise dagegen dominiert das Prinzip der Geschichtlichkeit, sei es in der Betrachtung der Handlung, der Figur, der Perspektive, der Form und ihrer erwarteten Wirkung.

Die Fabel von Handkes *Kaspar* nun spricht von der Gewalt, die dem Individuum Kaspar durch die öffentlich verordnete Sprache angetan wird. Vordergründig paßt sich dabei die Handlungsstruktur, wie wir gesehen haben, einem klassischen Entwicklungsschema an: Geburt, Kindheit, Reife; sein Inhalt ist der Prozeß der Selbstentfremdung durch die als Herrschaftsinstrument funktionierende Sprache. »Fremdheit, Integration und Krise« sind dann auch die Zeichen W.G. Sebalds für Kaspars ›Entwicklung‹. Die Frage ist, ob es sich bei den Erfahrungen Kaspars und Kaspars mit den Einsagern um ein allgemein gültiges Modell handelt, um einen sogenannten Ur-Konflikt zwischen Ich und Welt, Freiheit und Notwendigkeit, Schicksal und Schuld – um Theater also, dessen Ablauf an antike Tragödien, mehr noch an Shakespeares Theater anknüpft, in dem, nach Goethe, »das Eigentümliche unsres Ichs, die prätendierte Freiheit unsres Willens mit dem notwendigen Gang des Ganzen zusammenstößt« (Zum Shäkespeare Tag, in: J.W. Goethe, Werkausgabe. Frankfurt/M. 1970, Bd. 6, S. 213) – oder ob es sich dabei um einen Konflikt handelt, der mit konkreten historisch-sozialen Erfahrungen und Ereignissen zusammenhängt.

Rainer Nägele deutet das Stück in seinem Aufsatz *Das Unbehagen in der Sprache* (1976) aus anthropologischer Sicht als Tragödie des »Fremdlings« in der »Welt« (Nägeles Schlüsselbegriffe). Als Autorität – und darauf spielt schon sein Titel an – wird Sigmund Freud und dessen große kulturtheoretische Schrift zitiert, *Das Unbehagen in der Kultur* (1930). Freud hatte dort den von ihm als absolut perzipierten Antagonismus von Ich und Welt mit den Begriffen Lustprinzip und Realitätsprinzip umschrieben und die These aufgestellt, daß die Entwicklung der Kultur und, analog dazu, des Menschen abhängig ist von der Unterdrückung menschlicher Bedürfnisse. Wesentlicher dynamischer Moment in der Entwicklung der Kultur ist der Konflikt zwischen Lustprinzip und Realitätsprinzip, wobei die Dynamik aus dem Lustprinzip kommt, aus unseren Wünschen und Bedürfnissen, denen von der Realität (oder Kultur oder Gesellschaft) Grenzen gesetzt werden. Diese als verbietend funktionierende Instanz wird im Laufe der Entwicklung des Menschen von ihm verinnerlicht; die Lust (des Triebs) wird sublimiert, d.h. verschoben auf andere von der Kultur oder Gesellschaft weniger tabuisierte Objekte. Beginnt jene Entwicklung des Menschen, so Freud, mit dem »ozeanischen Gefühl«, so endet sie mit einem permanenten Schuldgefühl als Reaktion auf verdrängte Wünsche.

Nägele übernimmt in seiner Deutung des *Kaspar* Freuds Muster, setzt neben die Begriffe Lustprinzip und Realitätsprinzip die von »Natur« (= »vorsprachlicher Zustand« bzw. »vorzivilisierter Status«) und »Sprache« (= »Zivilisation«):

»Von dieser Prämisse her kann der Vergleich mit früheren Konzepten eines ›Naturzustandes‹ Handkes Konzept charakteristisch hervortreten lassen. Wie schon angedeutet, scheint bei Handke dieser Naturzustand weit entfernt von aller Idyllik und Grazie. Er scheint eher abstoßend, grauenhaft erschreckend. Gerade darin aber zeigt sich, daß Handke nicht in einen naiven Rousseauismus zurückfällt. Was Handkes Kaspar im Naturzustand zeigt, ist das Grauen des zivilisierten Menschen vor dem ihm Fremden. Aber die Schauer, die Frankensteins Monster auslöst, haben auch ihre lustvolle Seite. Freud definierte das Unheimliche als ›jene Art des Schreckhaften, welche auf das Altbekannte, Längstvertraute zurückgeht‹. Das Unheimliche ist auch das Heimliche, wie schon die Sprache selbst im Deutschen kundtut, die hier das scheinbar Gegensätzliche zusammenbringt. Der Kaspar, der auf der Bühne erscheint, stellt eine Regression dar, die vom Standpunkt der Kultur monströs-unheimlich erscheint, aber wie jede Regression das Lustprinzip versagter Bedürfnisse weckt.« (Nägele, 1976, S. 83)

Der Integrationsprozeß Kaspars durch die Einsager wird verallgemeinernd umschrieben mit dem Begriff der »Kultivierung«, die »auf Kosten des Lustprinzips geht« (ebd., S. 91), Kaspar schließlich, wie in Trakls Gedicht, ermordet, ein Geschehen, das Nägele zusammenfaßt in seiner Metapher vom »durchlöchert[en]« Ich (ebd., S. 96). »Damit«, resümiert er, »zeigt sich Handkes Sprachkritik im Zusammenhang mit einem allgemeinen Unbehagen in der Kultur, das sich bald vage allgemein, bald konkret gesellschaftlich formuliert« (ebd., S. 90) – inwiefern »konkret gesellschaftlich«, wird von ihm, außer in dem Hinweis auf »Leistungsprinzip« und »Schuldgefühl«, nicht weiter konkretisiert. Aufgehoben wird von Nägele zudem Freuds anti-utopische Argumentation in der Interpretation des Schlusses des *Kaspar*, wo Nägele aus psycho-historischer Sicht die Psyche des einzelnen als Motivation für geschichtliche Ereignisse postuliert: Kaspars »Stammeln« als Zeichen der »störenden Widerstände von innen, dargestellt in den anderen Kaspars, die die mühsam aufgebaute Kultur zusammenbrechen lassen« (ebd., S. 95).

Jene Allgemeinheit ist der Punkt, an dem Martin Walser mit seiner Kritik ansetzt. Walser gilt (neben Scharang) schon immer als einer der schärfsten Kritiker des Autors und seines Werkes, wobei er (wie Scharang) nicht immer den Unterschied beachtet zwischen Handkes diskursiven und literarischen Texten. In seinem 1970 im »Kursbuch« erschienenen und seither viel zitierten Aufsatz mit dem Titel *Über die neueste Stimmung im Westen* tadelt er aus historisierender Perspektive gerade die Unverbindlichkeit und Allgemeinheit, mit der Handke Sprachkritik übe:

»Einer geht in die Falle, weil er von anderen sprechen lernt. Egal, wer ihm was einsagt. Er braucht zwar Wörter, aber wenn er sie lernt, geht er in die Falle. So süß und hell hat sich der Narzißmus seit langem nicht mehr gegeben. Daß es nicht egal ist, bei wem man sprechen lernt, ist dem Kaspar egal. Seine Einsager sind Maschinen, wichtig sind nur die durch sie angebotenen Allerwelt-Sätze. Diese Sätze zeigen, daß es für jeden Ankömmling immer schon Sätze gibt, Meinungen gibt. Nicht was für Sätze es gibt und was für Meinungen, ist für Kaspar schmerzhaft, sondern daß es schon Sätze und Meinungen gibt. [...] Da die Abhängigkeit des eigenen Sprechens vom gesellschaftlichen Gebrauch nur als negative Möglichkeit, nur als Tortur oder Verlust erlebt wird, da Strukturen bloß dargestellt werden, als seien sie ungeschichtlich und vom Himmel gefallen, versteht es sich, daß Handke selber kein Bedürfnis hat nach einer Identifikation, die über ihn selbst hinausreicht.« (Walser, S. 24 f.)

Walser scheint sich die Methode der Einsager und den Inhalt ihrer Sätze und Satzmodelle nicht genauer angesehen zu haben. Denn es ist ja nicht die Sprache schlechthin, die von Handke kritisiert wird, sondern der Absolutheitsanspruch, den der öffentliche Sprachgebrauch an die Wirklichkeit der Erfahrungen, Vorstellungen und Wahrnehmungen stellt. Überdies – und das sollte Walser eigentlich wissen, denn es ist eine Grundthematik seines eigenen Werkes – ist Handkes im *Kaspar* (und auch sonst in seinem Werk) sich artikulierender Anspruch auf Individualität teils Symptom, teils Produkt der bürgerlichen Gesellschaft und ihres seit dem 18. Jahrhundert durchlaufenen geschichtlichen und gesellschaftlichen Prozesses, der jenen Anspruch auf Individualität hervorgebracht, gleichsam Bedingungen geschaffen hat, die seine Verwirklichung nicht ermöglichen.
So argumentiert Hans Mayer:

»Wer sich, wie Behringer bei Ionesco, dagegen wehrt, im Nashorn-Staat integriert zu werden und ein Recht auf Individualität beansprucht, handelt eben dadurch als Nashorn. Die Entfremdung kann niemals durch individuelle Aktion (wie bei Camus) oder Passion (wie bei Meursault) überwunden werden. Solange die Gesellschaft stets von neuem Entfremdung als Freiheitsschein erstrahlen läßt, ändert sich nichts. Auch eine Literatur richtet nichts aus, die Entfremdung beklagt und Freiheitssphären im Wüstensand abzustecken sucht. Entfremdung kann nicht durch entfremdete Literatur überwunden werden. Kaspar hat das begriffen. Bleibt die Frage der Praxis zu solcher theoretischen Erkenntnis.« (Mayer, S. 43 f.)

Mayer bezieht sich hier speziell auf die Schlußansprache Kaspars, wo dieser sich gegen die Integration wehrt, weil er »eine Existenz ohne Manipulation gekannt« habe. Was Mayer kritisiert, ist die totale Formalisierung der Thematik der Entfremdung, ein Verfahren, das nach ihm die Gefahr der Affirmation der bestehenden Verhältnisse beinhaltet.

An jenem (poetischen) Bedürfnis nach einer »Existenz ohne Manipulation« setzt Rainer Nägele in einem späteren als dem oben zitierten Aufsatz mit seiner Ideologiekritik an:

»Der Text legt auch Handkes eigene ideologische Position in ihrer Widersprüchlichkeit bloß; es ist die Widersprüchlichkeit einer unvermittelten Welt, einer Welt von Signifikaten ohne Signifikanten, vor allem aber eines Subjektes, das sich selber ohne Vermittlung von Zeichen haben möchte. Das kann freilich als solches im Stück nicht erscheinen außer in paradoxer Umkehrung: des vorsprachlichen Kaspars Ursprünglichkeit äußert sich in einem Satz, und zwar in einem Satz, der in genauer Spiegelverkehrung eine Signifikantenreihe ohne Signifikat ist, oder spezifischer noch: sich auf diese Weise zum sprechenden Subjekt verhält. Für den Zuschauer hat der Satz, der für den sprechenden Kaspar keine semantische Bedeutung hat, eine solche und eine sehr ironische dazu: sagt doch der Satz nichts anderes, als was durch die Einsager geschehen wird. Nur scheinbar wird er ausgelöscht, in Wirklichkeit erfüllt er sich in allen Sätzen, die ihn verdecken.« (Nägele, 1981, S. 225f.)

Eben, darum geht es ja wohl in diesem Stück: um die verwirrende Ambivalenz der Sprache und ihrer Möglichkeiten. Einerseits Terror, andererseits Mittel zum Bewußtwerden. Kaspars erster Satz erfüllt sich, eben weil für Handke Sprache/Theater Aussage und »Voraus-Sage« zugleich sind, im negativen wie im positiven Sinne. Sie determiniert unsere Empfindungen, unsere Vorstellungs- und Wahrnehmungsweisen von der Welt, was ja nicht ausschließt, daß eine andere Sprache, ein anderer Satz sich erfüllt: der Traum vom Individuum, das sich selbst bestimmt, wobei dieser Traum Zeichen der äußersten Unterwerfung des Ich, seiner Un-Freiheit ist. Das jedenfalls ist der kritische und utopische Anspruch des Stückes, in den Worten Handkes: Spielen »bis auch die Wirklichkeit ein einziger Spielraum geworden ist. Das wäre schön.« (Elfenbeinturm, S. 55) »Gegenstand der Imagination«, schreibt Richard Gilman im Zusammenhang mit Handke, »ist nicht so sehr das Wirkliche als das Mögliche« (Gilman, S. 276; Übersetzung von mir, R.V.). Und als »possible«, als »MÖGLICH« nur will Handke ja schließlich seine Sprache verstanden wissen, konsequent mit seiner sprachtheoretischen Position.

4.3 Die Umfunktionierung des Individuums? – Handkes »Kaspar« und Brechts »Mann ist Mann«

Die Problematisierung der Individualität oder ihre Umfunktionierung suggeriert eine Verwandtschaft mit dem Identitätsproblem in Brechts *Mann ist Mann,* der »Verwandlung«, wie es dort im Untertitel lautet, »des Packers Galy Gay in den Militärbaracken von Kilkoa im Jahre neunzehnhundertfünfundzwanzig. Ein Lustspiel in 11 Bildern und mit einem Zwischenspiel für das Foyer ›Das Elefantenkalb‹.« (1924 – 1926) Die Fabel ist ungefähr diese: Galy Gay, ein Mann, »der nicht nein sagen kann«, verläßt eines Morgens seine Behausung, um seiner Frau einen Fisch für das Mittagessen zu besorgen. Das banale Unternehmen ist der Beginn von außerordentlichen Ereignissen, aus denen Galy Gay als ein anderer hervorgeht, nämlich als der Soldat Jeraiah Jip. »Herr Bertolt Brecht behauptet: Mann ist Mann. / Und das ist etwas, was jeder behaupten kann. / Aber Herr Bertolt Brecht beweist auch dann / Daß man mit einem Menschen beliebig viel machen kann. / Hier wird heute abend ein Mensch wie ein Auto ummontiert / Ohne daß er irgend etwas dabei verliert.« (8./9. Szene. In: B. Brecht, Gesammelte Werke. Frankfurt/M. 1967, Bd. 1, S. 336) Achse im Prozeß der Ummontierung ist ein Geschäft (der Handel mit einem Elefanten), von dem sich Galy Gay einen Profit erhofft, was ihn gleichzeitig dazu verführt, seine Frau und sich selbst zu verleugnen. Das letzte Bild zeigt ihn dann als »Kriegsmaschine« – nicht zufällig: Schon der Untertitel gibt einen Hinweis auf den Zeitraum der Handlung, 1925, also wenige Jahre nach dem 1. Weltkrieg. Der Krieg und das Geschäft und die mit beidem zusammenhängende Pervertierung des Menschen prägen als wichtiger Themenkreis Brechts Werk, nicht zuletzt auf Grund seiner

eigenen Erfahrung während jenes Krieges. Noch nie hatte sich der Anspruch auf Individualität so als Anachronismus bewiesen als in der mit dem Krieg verbundenen Bewegung von Massen, als in der Masse von Toten, Verstümmelten, Entwurzelten. »›Die Masse der Individuen‹ aber«, schreibt Brecht in einem anderen, doch verwandten Zusammenhang, »verlor ihre Unteilbarkeit durch ihre Zuteilbarkeit. Der einzelne wurde immerfort zugeteilt.« (Brecht, Gesammelte Werke, Bd. 15, S. 218) Das Individuum – wörtlich das »Unteilbare« – ist zum ›Dividuum‹ geworden.
Auch Kaspar wird umfunktioniert, dividiert in mehrere Kaspars (Szene 33 ff.). Die Disponibilität dazu sieht Manfred Mixner angelegt in Kaspar selbst, dessen Aufmachung – »Er sieht ›pudelnärrisch‹ aus« (Szene 2) – und die Tatsache, »daß sein Gesicht eine Maske ist« (Szene 2), bewußt gesetzte Zeichen für die »entindividualisierte Figur« des Kaspars sind: »Frankensteins Monster (von Mary Wollstonecraft Shelly [sic] erfunden) ist ein künstlich zusammengesetzter Mensch, dem alle Sozialisationsmöglichkeiten fehlen.« (Mixner, S. 57) An dieser Deutung ist vieles falsch, es stimmt aber der Hinweis auf die Künstlichkeit der Figur, die darin anspielt auf Brechts Metapher aus der Automechanik:

»Während aber das in den zwanziger Jahren von Brecht konzipierte Stück die Verwandlung im Modell einer Ummontierung [...] demonstriert, der Eingriff also hauptsächlich von außen, zum Teil sogar mit physischer Gewalt, vorgenommen wird, allerdings auch mit psychologischer Taktik, ist in der Verwandlung Kaspars jeder äußere, physische Eingriff verschwunden. Die Agenten der Verwandlung, die Einsager, treten physisch gar nicht auf, nur als Stimmen. Die Verwandlung und Einbeziehung Kaspars in die Macht der gegebenen Ordnung geschieht rein durch die Sprache. Damit wird noch einmal deutlich, wie sehr im Zeitalter der Kybernetik und Informationspolitik Herrschaftsstrukturen als verinnerlichte Ordnungsstrukturen erfahren werden.« (Nägele/Voris, S. 84)

Die Differenz zu Brecht zeigt sich außerdem im großen Schlußmonolog Kaspars, in dem dieser fast Züge einer tragischen Figur annimmt – Tragik weniger im Sinne von Konflikt als vielmehr im Sinne von Bestimmung. Jedenfalls interpretiert Nicholas Hern die Schlußworte als »vernichtende Erkenntnis« Kaspars, »daß die Bedeutung der Sprache, das Mittel, wodurch seine Wahrnehmungsweise und Persönlichkeit konstituiert worden sind, willkürlich und relativ ist und durch Zwänge der Außenwelt verändert werden kann, und daß deshalb sein Ich ebenfalls nur willkürlich und zufällig ist« (Hern, S. 66; Übersetzung von mir, R.V.). Und es ist diese Bewegung des Bewußtseins Kaspars, in dem sich die Gebrochenheit in seinem Selbstverständnis artikuliert, was ihn von Brechts Galy Gay unterscheidet. Kennzeichnet sie beide anfangs die individualisierende Geste, bei Kaspar in seinem ersten Satz, bei Galy Gay in seiner ursprünglichen Weigerung, Jip zu werden (»Warum wollen Sie eigentlich nicht Jip sein? – Weil ich Galy Gay bin.« [Brecht, Gesammelte Werke, Bd. 1, S. 330f.]), verwandelt sich letzterer in einen Menschentypus, der nach Brecht die historischen, politischen und gesellschaftlichen Tatsachen spiegelt:

»Ich denke auch, Sie sind gewohnt, einen Menschen, der nicht nein sagen kann, als einen Schwächling zu betrachten, aber dieser Galy Gay ist gar kein Schwächling, im Gegenteil, er ist der Stärkste. Er ist allerdings erst der Stärkste, nachdem er aufgehört hat, eine Privatperson zu sein.« (Vorrede, 1927. In: Brecht, Gesammelte Werke, Bd. 17, S. 978)

Daß er gezwungen werde, sein Ich aufzugeben, sei »eine lustige Sache. Denn dieser Galy Gay nimmt eben keinen Schaden, sondern er gewinnt.« (ebd.)
Mit einem Menschen »beliebig« viel machen können, schließt ja, wie gesagt, die ›Gegen-Verwandlung‹ – hin (oder zurück) zum Individualisten – nicht aus. Kaspar kämpft letztlich gegen die äußere Macht an in der Erinnerung an einen früheren Zustand. Die (mögliche) Auslöschung der Individualität in der Haupthandlung wird durch deren Kontext, die Vor- und Nach-Stellung (möglicher) Individualität, aufgehoben. Nimmt man die ins Stück eingebrachte Gegenüberstellung von falschem (zweckorientiertem) und richtigem (zwecklosem = poetischem) Sprechen hinzu, so ist deutlich, daß Handke im Vergleich zu Brecht das Identitätsproblem metaphysisch deutet. Nach Handke ist Mann doch nicht Mann – oder im übertragenen Sinne: Sprache doch nicht Sprache –, eine/r doch nicht wie die/der andere. Es gibt einen Kaspar, der sich gegen die Entpersönlichung wehrt, weil er, wie Hans Mayer sagt, »eine Existenz ohne Manipulation gekannt« hat. Und es gibt die ›anderen‹, die jene Existenz nicht gekannt haben. Die Zeit des individuellen ›Heldentums‹, könnte man rein inhaltlich argumentieren, scheint bei Handke (im Gegensatz zu Brecht?) entweder noch nicht vorbei oder wieder gekommen.*

4.4 Thesenstück oder Parabel?

Ludwig Wittgensteins *Philosophische Untersuchungen* (1945/1949) beginnen mit der Analyse des Zwecks und des Funktionierens von Wörtern am Beispiel ihrer »primitiven« Verwendung, nämlich des Kindes, wenn es sprechen lernt. »Das Lehren der Sprache«, schreibt Wittgenstein, »ist hier kein Erklären, sondern ein Abrichten.« Er führt aus:

»Die Kinder werden dazu erzogen, *diese* Tätigkeiten zu verrichten, *diese* Wörter dabei zu gebrauchen, und *so* auf die Worte des Anderen zu reagieren.
Ein wichtiger Teil der Abrichtung wird darin bestehen, daß der Lehrende auf die Gegenstände weist, die Aufmerksamkeit des Kindes auf sie lenkt, und dabei ein Wort ausspricht; z.B. das Wort ›Platte‹ beim Vorzeigen dieser Form. (Dies will ich nicht ›hinweisende Erklärung‹, oder ›Definition‹, nennen, weil ja das Kind noch nicht nach der Benennung *fragen* kann. Ich will es ›hinweisendes Lehren der Wörter‹ nennen. – Ich sage, es wird einen wichtigen Teil der Abrichtung bilden, weil es bei Menschen so der Fall ist; nicht, weil es sich nicht anders vorstellen ließe.) Dieses hinweisende Lehren der Wörter, kann man sagen, schlägt eine assoziative Verbindung zwischen dem Wort und dem Ding: Aber was heißt das? Nun, es kann Verschiedenes heißen; aber man denkt wohl zunächst daran, daß dem Kind das Bild des Dings vor die Seele tritt, wenn es das Wort hört. Aber wenn das nun geschieht, – ist das der Zweck des Worts? – Ja, es *kann* der Zweck sein. – Ich kann mir eine solche Verwendung von Wörtern (Lautreihen) denken. (Das Aussprechen eines Wortes ist gleichsam ein Anschlagen einer Taste auf dem Vor-

---

* Siehe hierzu das in dieser Reihe erschienene Heft von Gerhard P. Knapp zu Friedrich Dürrenmatt: Die Physiker, wo dieselbe Problematik in der Gegenüberstellung Dürrenmatt – Brecht diskutiert wird. (MD-Nr. 6079)

stellungsklavier.) Aber in der Sprache [in ihrem primitiven Gebrauch] ist es *nicht* der Zweck der Wörter, Vorstellungen zu erwecken. (Es kann freilich auch gefunden werden, daß dies dem eigentlichen Zweck förderlich ist.)
Wenn aber das das hinweisende Lehren bewirkt, – soll ich sagen, es bewirkt das Verstehen des Worts? Versteht nicht der den Ruf ›Platte!‹, der so und so nach ihm handelt? – Aber dies half wohl das hinweisende Lehren herbeiführen; aber doch nur zusammen mit einem bestimmten Unterricht. Mit einem anderen Unterricht hätte dasselbe hinweisende Lehren dieser Wörter ein ganz anderes Verständnis bewirkt.
›Indem ich die Stange mit dem Hebel verbinde, setze ich die Bremse instand.‹ – Ja, gegeben den ganzen übrigen Mechanismus. Nur mit diesem ist er der Bremshebel; und losgelöst von seiner Unterstützung ist er nicht einmal Hebel, sondern kann alles Mögliche sein, oder nichts.« (L. Wittgenstein, Philosophische Untersuchungen, § 5 – 6. Frankfurt/M. 1971, S. 17 f.)

Sprechenlernen erscheint hier als Prozeß des Abrichtens: das Kind dressieren hin auf die Fertigkeit, Gegenstände und Erscheinungen der Außenwelt durch das *Wort* zu sehen (und nicht die Gegenstände und Erscheinungen selbst), zu reagieren auf das Wort (und nicht auf die Gegenstände und Erscheinungen), zu handeln nach dem Wort (und nicht nach der Situation).
Abgerichtet wird das Kind noch in einem anderen Sinne: seine Vorstellungskraft wird gelenkt. Es lernt, sich nichts vorzustellen, was außerhalb der durch das »hinweisende Lehren« beigebrachten Ordnung existiert, oder existieren *könnte.*
Diesen Mechanismus des Verknüpfens von Sprache, Tätigkeit und Denken nennt Wittgenstein das »Sprachspiel« (Philosophische Untersuchungen, §7), womit er das Handeln und Denken mit und nach sprachlichen Ausdrücken meint, also den Vorgang des Benennens und des Nachsprechens des vorgesagten Wortes. Als Beispiele dienen ihm Befehle und nach Befehlen handeln, das Herstellen eines Gegenstandes nach einer Beschreibung, eine Hypothese aufstellen und prüfen, einen Witz machen usw. Die Kernthese Wittgensteins, enthalten in den Schlußsätzen des obigen Zitats, lautet danach:

»Man kann für eine *große* Klasse von Fällen der Benützung des Wortes ›Bedeutung‹ – wenn auch nicht für *alle* Fälle seiner Benützung – dieses Wort so erklären: Die Bedeutung eines Wortes ist sein Gebrauch in der Sprache.
Und die *Bedeutung* eines Namens erklärt man manchmal dadurch, daß man auf seinen *Träger* zeigt.« (ebd., §43)

Die Aufgabe der Philosophie sieht Wittgenstein in der

»Einsicht in das Arbeiten unserer Sprache [...], und zwar so, daß dieses erkannt wird: *entgegen* einem Trieb, es mißzuverstehen. Diese Probleme werden gelöst, nicht durch Beibringen neuer Erfahrung, sondern durch Zusammenstellung des längst Bekannten. Die Philosophie ist ein Kampf gegen die Verhexung unsres Verstandes durch die Mittel unserer Sprache.« (ebd., §109)

Der Einfluß Wittgensteins auf Handke ist vom Autor selbst zurückgewiesen worden, wohl wesentlich aufgrund seines Schreckens vor Einordnungen. So gibt er dann auch zu, von Wittgenstein gelernt zu haben, daß »die Bedeutung eines Wortes [...] sein Gebrauch« sei. (Linder/Handke, S. 39) Aber das ist nur nebensächlich der Grund, warum Handkes Werk – besonders der *Kaspar* – in der kritischen Literatur oft mit Wittgensteins Sprachphilosophie erklärt wird. Schon das Thema, »Sprechfolterung«, assoziiert Wittgensteins Begriff des »Abrichtens«, der in der Gemeinsprache die Erziehung eines Tieres, besonders des Hundes, zu bestimmten Leistungen und Fertigkeiten meint, die man von ihm verlangt und die ihm zur zweiten ›Natur‹ werden sollen. Diese Bedeutung scheint Handke in seiner negativen Bestimmung des Vorgangs des Sprechenlernens übernommen zu haben.

Aber nicht nur das Thema, auch die Handlung und ihr Aufbau verführen zur Verknüpfung mit Wittgensteins Überlegungen. Kaspar, geboren (auf der Bühne), wird erzogen durch das »hinweisende Lehren« der Wörter der Einsager. Der Erzähler berichtet:

»Die Einsager haben ungefähr zu sprechen aufgehört, wenn Kaspar an dem jeweiligen Gegenstand etwas angerichtet hat: Der Sofateil fällt zur gleichen Zeit auf den Boden als die Sprecher ihren Punkt setzen. Dem Satz Kaspars am Ende jedes Zusammentreffens mit den Gegenständen geht eine kleine Pause voraus.« (16)

In der Synchronisierung von Tätigkeit und Sprechen wird Kaspars Denken dahin manipuliert, eine »assoziative Verbindung« – wie Wittgenstein sagt – »zwischen dem Wort und dem Ding« herzustellen. »Jeder Unterbrechung der Handlung folgt eine Unterbrechung des Satzes«, lautet der Rhythmus von Tätigkeit bzw. Bewegung und Sprechen, nach dem Kaspar ›abgerichtet‹ wird (35). Was bedeutet das? Nun, daß Kaspar eine Ordnung lernt, nämlich: die Beziehung von Sprache und Gegenstand; in seinem Fall zudem, daß alles, was nicht in dieses Muster paßt, ›unordentlich‹, also außerhalb einer Ordnung ist – folglich die Austreibung seines ersten Satzes. Er versteht dabei zunächst noch nichts. Wie das Kind reagiert er nur, spricht die vorgesagten Worte nach, benennt die Dinge. So ist das Wort da *vor* der Erfahrung und Wahrnehmung (und nicht umgekehrt): »du mußt ein Bild von *dir* werden, wie du den Tisch zu einem Bild von einem Tisch machen mußt und jeden möglichen Satz zu einem Bild von einem möglichen Satz.« (35) Derart wird Kaspar zum Sprachspiel abgerichtet, zum Handeln und Denken mit und nach sprachlichen Ausdrücken.

Wie Wittgenstein formuliert auch Handke keine Alternative zum Mitspielen oder einen »Ausweg aus dem Fliegenglas«, wie es in Wittgensteins *Philosophischen Untersuchungen* (§309) heißt. Entworfen wird lediglich eine andere Strategie des Sehens, Denkens, Handelns, um der »Verhexung« des Verstandes durch die Sprache zu widerstehen: die Untersuchung bzw. Vorstellung (im doppelten Sinne) des Gebrauchs von Wörtern und ihrer Funktion, um von daher die Frage nach ihrem Ursprung zu stellen. Mittel dazu ist bei Wittgenstein die Philosophie, bei Handke die Poesie. Also *wieder* Sprache, so daß beide – Wittgenstein diskursiv, Handke literarisch – das Paradox aller Sprachspiele vorführen, wie Walter Hinderer bemerkt, »daß sie zur conditio humana gehören und sie gleichzeitig in Frage stellen« (Hinderer, S. 481).

Die Fiktionalisierung von Philosophie ist im Bereich der Prosa, des Romans vor allem, nichts Ungewöhnliches; man denke an Thomas Manns *Zauberberg*, Albert Camus' *L'étranger* oder Ingeborg Bachmanns *Malina*.
Anders im Bereich des Dramas; dazu Richard Gilman:

»Dramatiker sind gezwungen, in Anbetracht der Unmittelbarkeit und physischen Direktheit ihres Unternehmens – der Plazierung der von wirklichen Menschen verkörperten Figuren auf engstem Raum, der sie eher zum Handeln denn zum Reflektieren oder Reflektiert-Werden treibt – Wahrheitsansprüche zu stellen, die über das rein emotionale Wissen [emotional knowledge] alltäglicher Wahrheiten hinausgeht. In unserem Jahrhundert haben Pirandello, Brecht, Ionesco und selbst ein Theaterprophet wie Artaud ausnahmslos auf dem Drama als einem philosophischen Genre insistiert, indem sie diesen Begriff auf ihr eigenes Werk angewendet (Brecht bezeichnete sich selbst als einen ›Philosophen auf dem Theater‹) und ihre Zurückweisung der konventionellen Bühne damit begründet haben, sie besitze keine philosophische Dimension.« (Gilman, S. 268; Übersetzung von mir, R.V.)

Zu den »Dramatiker-Philosophen« zählt Gilman Handke, dessen Stücke »einen außerordentlichen Schritt in Richtung auf eine Verwirklichung der Wittgensteinschen Vorstellung von Aufgabe und Methode der Philosophie im artistischen Medium darstellen« (Gilman, S. 269; Übersetzung von mir, R.V.).
Walter Hinderer liest *Kaspar* (Handkes Sprechstücke) gar als Versuch eines »Wittgenstein für Anfänger« – in inniger Ironie als eine Art Lehrbuch (oder Lehrstück), wobei er bezweifelt, daß es »dem Zuschauer oder Leser den Ausweg aus dem Sprachgefängnis« zeigen wird. Eher handele es sich »nur um ›die Entdeckung irgendeines schlichten Unsinns und Beulen [...], die sich der Verstand beim Anrennen an die Grenze der Sprache geholt hat‹, was nichtsdestoweniger Wittgenstein gerade als ›Wert‹ seiner linguistischen Philosophie verbucht hätte« (Hinderer, S. 473f.). Denn nicht, wie schon gesagt, um die Veränderung der Gesellschaft geht es Handke – im Sinne einer praktischen Zielsetzung Brechts – als vielmehr darum, festgefahrene Wahrnehmungs- und Denkformen zu unterminieren.

So ist *Kaspar* kein Thesenstück, das die Umsetzung eines begrifflichen in ein poetisches System leistet; das hieße, den Unterschied zwischen diskursivem und symbolischem (= literarischem) Sprechen zu übergehen. Die Nähe zu Wittgenstein erklärt sich vielmehr aus dem historischen und literarischen Kontext: Autoren der Wiener und Grazer Gruppen und andere, wie Helmut Heißenbüttel, Alexander Kluge, Ingeborg Bachmann, Botho Strauß, beziehen sich ausdrücklich, wenn auch in verschiedenen Sprach- und Diskursformen, auf sprachphilosophische Prämissen.

Kurt Batt andererseits interpretiert den »Fetisch Sprache«, speziell in bezug auf *Kaspar*, im »Untertext« als »Allegorie eines auf sich selbst zurückgezogenen Schriftstellers [...]. Das Reglement der Sprache verhindert den Ausdruck einer reinen, unvermittelten Innerlichkeit, die sich von allen gesellschaftlichen Beimischungen der Sprache freimachen möchte« (Batt, S. 218) – womit eigentlich nur wieder das Reizwort vom »Rückzug in die Innerlichkeit« zitiert wird. Gattungsspezifisch näher kommt dem Stück vielleicht die Definition des dramaturgischen Modells als Parabel, obwohl Handke sie zu umgehen sucht durch die Beschränkung der Handlungselemente auf das Material des Theaters, auf Gestik (Mimik) und Sprache (Geräusche). Von griechisch *parabole, paraballō* (»ich vergleiche«) führt die Parabel eine Idee, Wahrheit oder Lehre vor, die den Stoff nicht erdichtet, sondern aus der Wirklichkeit entlehnt (siehe Kaspar-Hauser-Stoff). Handkes Stück, schreibt Manfred Mixner, ist eine (»offene«) Parabel, nämlich die

»vom sprach-ohnmächtigen Kaspar, dem seine ursprüngliche Intention, sich durch Identifikation zu einem eigenständigen, selbst-bewußten Individuum zu entfalten, durch normierenden, den Blick auf die Wirklichkeit verstellten Sprachgebrauch, auf den er auf Grund seines Interesses am Sinn seines Bildes von der Wirklichkeit hereinfällt, ausgetrieben wird, der dann als Sprachmächtiger (zufällig?) sich selbst in Frage stellt, dadurch zu sich selbst findet und sich schließlich gegen die ›Ordnung‹ wendet [...]. Schaltstelle der Parabel ist m.E. das Horváth-Zitat: es könnte im Sinne dieser Interpretation die Bedeutung haben, daß die zufällige (?) Entdekkung eines poetischen, nicht einem begrifflichen Regelsystem unterworfenen Bildes von einem Empfindungszustand zum Auslöser für die auf ihn selbst bezogene Frage Kaspars wurde.« (Mixner, S. 72)

Danach ist *Kaspar* die parabel- oder modellhafte Gestaltung eines Erkenntnisprozesses, der in Werner Thuswaldner Assoziationen zu Kleists Aufsatz *Über das Marionettentheater* (1810) auslöst:

»›Wir sehen, daß in dem Maße, als, in der organischen Welt, die Reflexion dunkler und schwächer wird, die Grazie darin immer strahlender und herrschender hervortritt. – Doch so, wie sich der Durchschnitt zweier Linien, auf der einen Seite eines Punkts, nach dem Durchgang durch das Unendliche, plötzlich wieder auf der andern Seite einfindet, oder das Bild des Hohlspiegels, nachdem es sich in das Unendliche entfernt hat, plötzlich wieder dicht vor uns tritt: so findet sich auch, wenn die Erkenntnis gleichsam durch ein Unendliches gegangen ist, die Grazie wieder ein; so, daß sie, zu gleicher Zeit, in demjenigen menschlichen Körperbau am reinsten erscheint, der entweder gar keins, oder ein unendliches Bewußtsein hat, d.h. in dem Gliedermann, oder in dem Gott.‹
›Mithin [...] müßten wir wieder von dem Baum der Erkenntnis essen, um in den Stand der Unschuld zurückfallen?‹« (Kleist, zit. in: Thuswaldner, S. 50)

Kleist geht aus von der Dreistufigkeit der Geschichte, die ihren Anfang in einer ursprünglichen Natürlichkeit hat, zerrissen wird in der Spaltung von Bewußtsein und Natur und sich hinentwickelt auf eine Stufe, in der das Bewußtsein wieder mit der Natur versöhnt und eine neue Harmonie erreicht ist. Wichtig ist Kleists Umdeutung des Bildes der Marionette, die in ihrer positiven Bestimmung auf Handkes Konzeption der Figur Kaspar gewirkt haben mag. Zudem hat Handke früh Kleists Modell in Analogie gesetzt zu seiner literarischen Methode:

»Dieser Vorgang erschien mir wie die Kreisbewegung über das Bewußtwerden zurück zum Ausgangspunkt in Kleists Aufsatz über das Marionettentheater. So wählte ich die Methode, auf unbewußte literarische Schemata aufmerksam zu machen, damit die Schemata wieder unliterarisch und bewußt würden. Es ging mir nicht darum, Klischees zu ›entlarven‹ [...], sondern mit Hilfe der Klischees von der Wirklichkeit zu neuen Ergebnissen über die (meine) Wirklichkeit zu kommen: eine schon automatisch reproduzierbare Methode wieder produktiv zu machen.« (Elfenbeinturm, S. 28)

Das liest sich aus heutiger Sicht, speziell nach der Lektüre von Handkes »dramatischem Gedicht« *Über die Dörfer* (1981) und der Erfahrung seiner Inszenierung auf der Bühne (Kammerspiele Frankfurt/Main, 1983), wie der Versuch einer Beschreibung und theoretischen Rechtfertigung von Handkes ›Entwicklung‹ als Schriftsteller.
Hinsichtlich der Einordnung des *Kaspar* als Parabel: vielleicht ist das Parabolische am Stück sein Anfang: Kaspar ist einfach da und wird belästigt.

4.5 Sprachkritik als Gesellschaftskritik?

Die Frage nach den politischen Wirkungsmöglichkeiten der Literatur und Kunst, sei es durch kritische, sei es durch analytische Strategien, war, wie wir wissen, die immer wieder diskutierte Frage der späten sechziger und frühen siebziger Jahre, der sich auch Handke stellen mußte. Schon in seinem Kommentar »Zur Tagung der Gruppe 47 in den USA« (1966), wo er seine etablierten Kollegen/innen als »beschreibungsimpotent« diagnostizierte, ging er näher auf das Verhältnis von Ästhetik und Politik ein:

»Ich habe nichts gegen die Beschreibung, ich sehe vielmehr die Beschreibung als notwendiges Mittel an, um zur Reflexion zu gelangen. Ich bin *für* die Beschreibung, aber nicht für die Art von Beschreibung, wie sie heutzutage in Deutschland als ›Neuer Realismus‹ proklamiert wird. Es wird nämlich verkannt, daß die Literatur mit der Sprache gemacht wird, und nicht mit den Dingen, die mit der Sprache beschrieben werden.« (Elfenbeinturm, S. 29)

Damit distanziert sich Handke von der radikalen Sprachskepsis der Autoren der Wiener Gruppe, für die die Sprache grundsätzlich inadäquat ist, den Gegenstand zu erfassen, und die deshalb konsequent jede Art von Beschreibung vermeiden (als radikales Beispiel siehe Oswald Wieners Roman *Die Verbesserung von Mitteleuropa*, 1969). Entschiedener noch ist Handkes Kritik am sogenannten ideologielosen kritischen oder dokumentarischen oder satirischen Realismus, wo unreflektiert die Wörter für die Dinge genommen werden. Folglich bedeutet Handkes literarische und ästhetische Position keinen Rückzug auf einen puren Formalismus, wie Martin Walser klagt. Denn dagegen könnte man mit Marianne Kesting formulieren, »daß Handke in *Kaspar* den sozialen Einordnungsprozeß lediglich formalisiert, wenn er ihn als einen sprachlichen Prozeß schildert« (Kesting, 1969, S. 344). Sprache ist ein soziales Faktum und eine soziale Norm, die Vorstellungen, Wahrnehmungen und Handlungen normiert und festlegt. So äußert sich Handkes gesellschaftskritischer Appell, wenn man so will, in seiner experimentell-analytischen Methode der Befragung der Wirklichkeit, die sich *in* der Sprache zeigt; dieser Akt ist für ihn – wie könnte es anders sein – ein gesellschaftlicher:

»Anstatt so zu tun, als könnte man durch die Sprache schauen wie durch eine Fensterscheibe, sollte man die tückische Sprache selber durchschauen und, wenn man sie durchschaut hat, zeigen, wie viele Dinge mit der Sprache gedreht werden können. Diese stilistische Aufgabe wäre durchaus, dadurch, daß sie aufzeigte, auch eine gesellschaftliche.« (Elfenbeinturm, S. 30)

Warum das Aufzeigen des Funktionierens von Sprache, wie es im *Kaspar* geschieht, warum die Reflexion auf den Vorgang, wie Sprache Bedeutung schafft, auf jenen ganzen, oft grausigen Mechanismus der Versprachlichung der Dinge, durch den das Wort für das Ding, das Zeichen für das Bezeichnete gehalten wird – warum das Aufzeigen dessen nicht etwas eminent Aufklärerisches sein kann, ist vielleicht erklärbar auf dem Hintergrund einer Kritik, die sich aus Legitimationsängsten weigert, ihr Instrument, die Sprache, als ein politisches und gesellschaftliches zu reflektieren:

»Dabei denkt man aber nicht daran, daß es möglich ist, mit der Sprache buchstäblich jedes Ding zu drehen. Ich brauche ja nicht die Dinge aufzuzählen, die schon mit Hilfe der Sprache gedreht wurden und noch gedreht werden.« (Elfenbeinturm, S. 30)

Die Geschichte beweist es; *Kaspar* führt sie vor.
Es geht also Handke weniger darum, Sprache schlechthin zu negieren, wie Walser meint (s.o., S. 38 f.), denn das ließe als Alternative nur das Verstummen zu, ebensowenig um das »Wesen« von Erscheinungsformen im Sinne von Martin Heideggers Phänomenologie, wie Walser im selben Aufsatz behauptet, sondern vornehmlich um Erkenntnisfunktionen und -strukturen von Sprache und Erfahrung, um ihre Wechselbeziehung, also auch um die Anerkennung der Möglichkeit des ideologischen Mißbrauchs, der im nur Selbstverständlichen sich verbergen könnte – was bedeutet, auch um die Anerkennung der Möglichkeit der Verstümmelung des Subjekts durch die Internierung seiner Phantasie:

»Es ist unwahr, daß die Darstellung der Verhältnisse die einzig mögliche Darstellung der Verhältnisse ist: wahr ist vielmehr, daß es im Gegenteil noch andere Möglichkeiten der Darstellung der Verhältnisse gibt.« (Kaspar, S. 51)

Jener Satz Kaspars liest sich wie ein Selbstkommentar im Kontext von Handkes literarischer Methode, die gegen die und mit der Ordnung der Sprache spielt, um sie als provisorisch und durchlässig zu zeigen. Nicht zufällig ist Ordnung in den Sätzen der Einsager das privilegierte Motiv. »Ordnung, Sauberkeit, Organisation« werden Jahre später in Heinar Kipphardts Dokumentarstück *Bruder Eichmann* (1982/83), dort aus mimetischem Impuls, die zentralen Bilder sein.
Woran sich Walser und andere Kritiker (Kurt Batt etwa) im *Kaspar* vor allem reiben, ist die Entindividualisierung der Figuren, speziell der Einsager, die, so Walser, nur als »Maschinen« präsent sind (Walser, S. 24). Im Gespräch mit Arthur Joseph antizipiert Handke diese Kritik:

»Kein konkretes gesellschaftliches Modell wird im ›Kaspar‹ kritisiert, weder das kapitalistische noch auch das sozialistische, sondern es werden, im Abstrahieren der Sprechweisen auf ihre grammatischen Grundelemente, die Formen der sprachlichen Entfremdung, hier und jetzt, deutlich gemacht. Ich zitiere nicht Klischees, was nur kabarettistisch wäre, ich abstrahiere Klischees auf ihre sprachliche Entstehungsform hin.« (Joseph/Handke, S. 38f.)

Das erklärt vielleicht, warum in den Stimmen der Einsager ein technisches Medium zitiert wird (Telefon, Radio, Fernsehen usw.). Sie sind jene Geräusch-Collage, von Michel Foucault in seinem Buch *Les mots et les choses* (dt. *Die Ordnung der Dinge*) bezeichnet als das »unendliche Murmeln«, das von seiten der Massenmedien, einschließlich der Freizeit- und Kulturindustrie, von Parteiführern, Päpsten, öffentlichen Sprechern jeder Art (siehe Pausentexte) auf uns eindringt und in dem die gesamte Wirklichkeit praktisch auf Klischees reduziert wird. Ebenso wird unser Denken manipuliert und somit jede Individualität zerstört: »du bist in Ordnung, wenn sich deine Geschichte von keiner andern Geschichte mehr unterscheidet« (Kaspar, S. 32).
Deshalb ist auch Christa Dixons Deutung verfehlt, wenn sie in den Stimmen der Einsager George Orwells »Big Brother« (*1984*) vermutet, der sich »überall und jederzeit einschalten« könne, »ohne vom Einzelnen abschaltbar zu sein« (Dixon, S.34). Zu recht wirft ihr Rainer Nägele die »Mystifikation der Wirklichkeit« vor:

»Wer die Manipulation so ins Anonyme verdrängt, stellt sie als etwas Mythisch-Unangreifliches hin [...]. Die Verteufelung der Technik hat von jeher blind gemacht gegen die Handhaber der Technik, denen es wiederum nur lieb sein konnte, wenn der Zorn auf die Maschinen abgelenkt wurde.« (Nägele, 1976, S. 80)

Aus psychoanalytischer und kritisch-ökonomischer Sicht interpretiert Nägele dann die Einsager:

»Es sind [...] menschliche Stimmen, die aber durch technische Medien gewissermaßen entmenschlicht sind. Aber auch das würde schließlich nur wieder die technischen Medien treffen. Und ist es nicht seltsam, daß sämtliche Stimmen, die Handke aufzählt, Stimmen von Abhängigen sind, die nicht für sich selbst sprechen können und dürfen? Wenn nun die Entmenschlichung dieser Stimmen auf das technische Medium verschoben wird, so ist das nicht weniger als eine verfälschende Verdrängung. Denn nicht das technische Medium entmenschlicht diese Stimmen; sie sind sich selbst entfremdet, weil sie nicht für sich sprechen, sondern im Auftrag, und die Auftraggeber sind die Besitzer der Medien, nicht die Medien. Gerade die eigentlichen Autoren werden so nicht sichtbar und nicht hörbar.« (ebd., S. 80f.)

Zu fragen wäre, ob Nägeles Individualisierung Handke nicht allzu sehr in die Nähe Heinrich Bölls rückt und dessen literarischem Engagement für die Figur des sogenannten kleinen Mannes und der sogenannten kleinen Frau (siehe Bölls *Die verlorene Ehre der Katharina Blum*). Am zutreffendsten im Hinblick auf den Diskurs der im Stück inszenierten Thematik und den Inhalt des oben zitierten Gesprächs Handkes mit Joseph ist wohl Hans-Peter Frankes Interpretation, in der sowohl der »soziologischen Relevanz der dramatischen Struktur« als auch der »sprachlichen Gestalt des Stückes« nachgespürt wird. Er bemerkt richtig, daß der Bezug zwischen Sprechen und individuellem Sprecher gelöst, das Individuum ausgeschaltet ist:

»Es stellt sich die Frage, welche Auffassung von den Zusammenhängen zwischen Individuum, Sprache und Gesellschaft sich in der sprachlichen Organisation des Stückes objektiviert. Bestimmt man das Sprechen zum einen als Aktualisierung der Sprachnorm, zum andern als Artikulation der ›Innenwelt‹, so entfällt im Sprechen der Einsager das zweite Moment; übrig bleibt Sprache als gesellschaftliche Norm. Das heißt: Die angeblich gesellschaftsentzogene Innenwelt der Person ist immer schon gesellschaftlich durch die Sprachnorm vorgeprägt; eine Analyse des Sprechens, der ›Außenwelt‹ also, ergibt, daß es kein Abbild einer individuellen Innenwelt ist, sondern aus gesellschaftlich geprägten Klischees besteht. Das ist der Befund von Handkes Gedichtband [Die Innenwelt der Außenwelt der Innenwelt]; er wird im ›Kaspar‹ so realisiert, daß auf der Seite der Einsager vom sprechenden Subjekt nur noch das unpersönliche, durch technische Medien gefilterte Sprechen übrigbleibt, dessen Subjekt gewissermaßen die Sprache selbst ist. Die Einsager artikulieren also, was die gesellschaftlich bedingte und erstarrte Sprachnorm zur Verfügung stellt, ohne die Subjektivität eines dramatischen Charakters als Durchgangsstation.« (Franke, S. 20)

lings. Bei Kaspars Versuchen, vom Hintern wieder auf die Beine zu kommen, kreuzen sich wieder die Bewegungsimpulse, kommen die Waden aneinander nicht vorbei, so daß erneut eine existentielle Notlage entsteht. Wildgruber strampelt sich mit Zerren und Rucken wieder hoch, Redl, aufgrund seiner artifiziellen Gescheitheit, die ihm gestattet ist, darf den alten Clownstrick anwenden und mit einer Hand die überzwerchen Beine auseinandersortieren. Freilich fährt in seine Körperlichkeit zuweilen ein wenig Mechanik ein, das Marionettenhafte, das Handke vermieden sehen wollte.
[...] Aber gerade das dirigistische Vermögen der einverständigen, in ihrer Lakonik so unanfechtbaren Sprache wird hier durch einen einfachen und genauen Kunstgriff szenisch verdeutlicht, ein Zusammenspiel von Wort und Körperbewegung, von Einsagern und Kaspar, das sich mir in Büchs Oberhausener Inszenierung nirgendwo so sinnfällig zu verstehen gab.« (B. Strauß, in: Theater heute, Heft 6, 1968, S. 30)

Peymanns und Büchs Modelle wurden im großen und ganzen strukturbestimmend für die den Uraufführungen folgenden Inszenierungen der Theatersaison 1968/69, wobei Büchs Modell, wie gesagt, durch sein optisch-unterhaltendes Moment eifriger konsumiert wurde als das Peymanns.

Den Uraufführungen in Frankfurt und Oberhausen folgten Premieren in den Bremer Kammerspielen (25. Mai 1968; Regie: Hans Neuenfels, Kaspar: Volkert Kraeft), im Berliner Forum-Theater (September 1968; Regie: Günther Büch, Kaspar: Wolfgang Unterzaucher) und in rascher Folge Inszenierungen an praktisch allen Bühnen des deutschen Sprachraums von Nürnberg, München, Köln über Graz (Oktober 1968) und Wien (Mai 1969) bis Zürich (Mai 1969; Regie: Günther Büch) und Basel (Tourneetheater, Regie: Günther Büch). 25 in- und ausländische Theater nahmen das Stück nach seiner Uraufführung in den Spielplan 1968/69 auf (darin an 3. Stelle nach Max Frischs *Biographie. Ein Spiel* und Martin Walsers *Die Zimmerschlacht*). Die Zeitschrift »Theater heute« wählte *Kaspar* zum »Stück des Jahres 1968«. Von in- und ausländischen Kritikern wurde das Stück ostentativ gefeiert (auch in den wenigen Verrissen) mit Fangwörtern wie »bedeutend« (Die Zeit), »originell«, »fesselnd« (Der Spiegel), »atemberaubend« (Frankfurter Rundschau), »abendfüllend« (Süddeutsche Zeitung u.a.), »revolutionär« (Main-Echo) usw. Für Marianne Kesting ist *Kaspar* inzwischen – zurecht wohl – neben Peter Weiss' *Marat/Sade* zum Wichtigsten geworden, »das das deutsche Nachkriegstheater überhaupt hervorgebracht hat« (Kesting, 1969, S. 346).

Auffallend am Inhalt der Besprechungen der Theaterkritik ist der Raum, den die Nacherzählung des Kaspar-Hauser-Stoffes, die Wiedergabe des Handlungsablaufs, die (inhaltliche) Bestimmung der Figurenkonstellation und der Wirkungsabsicht einnehmen, wie nebensächlich oder gar nicht dabei eingehend auf die Strategie: auf die *Mittel* der Versinnlichung der Geschichte (mit wenigen Ausnahmen, wie etwa Botho Strauß oder Günther Rühle). Man ging meist an das Stück heran mit dem Instrumentarium des Illusionstheaters, was dann zu solch verunglückten Einsichten führte wie die Horst Ziermanns im »Main-Echo«, daß Peymann »an dem brisanten Inhalt des Werkes einfach vorbeigelaufen« sei; und zur Einordnung des Stücks als »Tragödie« (Georg Hensel u.a.) oder »Komödie« (Hellmuth Karasek) oder »Tragikomödie« (Wilhelm Ringelband) oder »Lehrstück« (Günther Rühle) oder »Sprachoper« (Gerhard Mayer) oder »Living Theater« (Hans Bertram Bock u.a), letzteres versetzt mit Elementen des »Stummfilms und der Flower-Power-Lichtspiele« (Horst Windelboth). Dabei wurden diese Klassifizierungen nicht unbedingt bestimmt von der Art und Weise der Inszenierung, vielmehr scheint es, als ginge die Kritik mit einem vorgefaßten Begriffssystem an die Aufführung heran, um nur wieder das bestätigt zu finden, was sie ohnehin schon wußte. Man erkennt als Leser/in dieser Kritiken dabei wenig, vor allem nicht die Besonderheit der Verarbeitung des Kaspar-Hauser-Stoffes durch Handke bzw. den Regisseur. Schließlich geht es weniger um das Was, um den Inhalt – er ist ja, wie die Besprechungen durchgehend behaupten, allgemein bekannt –, als um das Wie, die Form. Zudem fällt auf, wie selten die Kritiker zwischen dem literarischen Text und seiner Interpretation durch den Regisseur und Bühnenbildner unterscheiden: Denn es ist doch ein Unterschied, ob ich einen Text lese, also auf die gedruckte Sprache fixiert bin, oder ob ich im Theater sitze, sehe und höre, also auf die Bühnensprache fixiert bin, womit nicht nur die gesprochenen Worte gemeint sind als vielmehr die Sprache der Bühnenmittel (des Raumes und der Körper, einschließlich Gestik und Bewegungen) und die Formalisierung der Handlung. Aber das nur am Rande. Großen Erfolg hatte das Stück besonders beim jüngeren Publikum, vielleicht weil, wie Herbert Gamper interpretiert, *Kaspar* »das Zeug dazu hat, zum Sinnbild einer Generation zu werden« (Zürcher Woche, 17. Mai 1968).

Verbreitete Beachtung fand das TAT-Gastspiel (Regie: Claus Peymann) in Venedig, anläßlich der 27. Theaterbiennale (Oktober 1968), obwohl man dort, ausgehend vom Bild Handkes als Protestautor, seine »Formspiele« als zu »›antiseptisch‹« kritisierte (Peter Iden, in: Frankfurter Rundschau, 19. Oktober 1968).

Wenig begeistert äußerte sich die Kritik im heimatlichen Österreich, wo neben der Erstaufführung auf der Probebühne des Grazer Schauspielhauses (Oktober 1968) und der Premiere im experimentierfreudigen »Kleinen Josefstadt« des Konzerthauses Wien (Mai 1969) zudem die Hörspielfassung des Stücks vom Studio Steiermark des Österreichischen Rundfunks urgesendet wurde.

Internationale Inszenierungen begannen mit Peter Brook im Theater der Nationen in Paris (1972) und wurden fortgesetzt in Madrid (1973) und London, wo Robert Walker in der Regie und Henry Woolf als Kaspar (mit dem Text in der Übersetzung von Michael Roloff) am Almost Free Theatre agierten (Februar 1973). Bemängelt am Stück wurde von britischen Kritikern das Thesenhaft-Abstrakte, seine »Kälte« und »Monotonie«, wofür wohl mehr als anderswo die Regie verantwortlich war. Nicht nur trug Kaspar dort keine Maske, wurde also zum »Jedermann« stilisiert, auch war der Vorgang nahezu verkürzt worden auf den Mittelteil, gestrichen der Anfang, Kaspars Hervortreten durch den Bühnenvorhang, sowie das Ende, das Fallen der versammelten Kaspars hinter den Vorhang.

Beeindruckt dagegen zeigte sich die New Yorker Kritik, wo Handke seit der *Publikumsbeschimpfung* von so renommierten Kritikern wie Clive Barnes von der »New York Times« und Jack Kroll von »Newsweek« als einer der begabtesten jungen Dramatiker Europas gefeiert wurde. (Seit den amerikanischen Ausgaben der Prosatexte *Die Angst des Tormanns beim Elfmeter*, *Wunschloses Unglück*, *Der kurze Brief zum langen Abschied* und *Die linkshändige Frau* gehört der Autor innerhalb der stattfinden kann. Identifikation setzt Distanz voraus, sowohl in der aristotelischen Dramaturgie, wo sie vollkommen ist, als auch in der nicht-aristotelischen, wo sie nur gelegentlich durchbrochen wird. Bei Handke ist der Zuschauer demselben Sprachterror ausgesetzt wie der Held auf der Bühne. Was mit Kaspar geschieht, geschieht gleichzeitig direkt, und nicht auf dem Umweg über distanzierte Identifikation, mit dem Zuschauer. Die Sprachfolterung geht für ihn sogar in der Pause weiter, wo er einem ununterbrochenen Redeschwall aus Lautsprechern ausgesetzt ist. In Frankfurt geschah das allerdings auf allzu diskrete Weise.

Sprachfolterung? Handkes ›Kaspar‹ betäubt nicht, er ist als Stück selbst völlig durchreflektiert. Schon vor Beginn wird der Zuschauer nicht mit dem Mobiliar, das er auf der Bühne sieht, allein gelassen, eine Stimme aus dem Lautsprecher erläutert, was es mit der regellosen Anordnung des Bühneninventars auf sich hat. [...] Es zeigte sich, daß diese Reduktion auf theatralische Vorgänge mehr politische Aggressivität enthält als manches Stück, das aus politischer Aktualität Kapital schlägt. Wirklichkeit wird hier nicht auf Theater reduziert, es findet keine Flucht vor der Wirklichkeit ins Theater statt, die Wirklichkeit des Theaters steht für sich selbst. Handke hat ein Theaterstück geschrieben, dem nicht von allem Anfang an das schlechte Gewissen, *nur* Theater zu sein, mitgegeben ist, das viel mehr, indem es nur Theater ist, mitten in die Wirklichkeit gerät. [...]

Aber die Spannung, die in Handkes Sprache in keinem Augenblick nachläßt, wurde im Pantomimischen selten erreicht. Schwerfälliges Gehen war schwerfällig, nicht Darstellung des schwerfälligen Gehens. Der pantomimische Teil, der zum erstenmal bei Handke mit entscheidender Funktion neben das Sprechen tritt, muß noch erarbeitet werden.

Handkes Umgang mit der Sprache hat eine Parallele etwa im Umgang des ›Living Theatre‹ mit Bewegungsklischees. Es dürfte ein Fehler sein, daß der brutalen Nacktheit der Sätze ein kostümierter Kaspar gegenübersteht, der optisch dazu verführen könnte, ihn als Parabelfigur zu verstehen. Alltagskleidung mit Maske (zur Kennzeichnung der Identität der Kaspars) dürfte die wohl adäquatere Lösung sein. Das Kostüm verschleiert die Bewegungen, die auf die gleiche Weise sichtbar werden müßten, wie Sätze hier sichtbar werden.

Denn dieses Stück konsequent zu Ende gedacht: da stünde kein Kaspar mehr stellvertretend auf der Bühne, sondern die Zuschauer selbst hätten ihn, nach Anweisungen der Einsager, zu spielen.

Das wäre die Form einer neuen – machtfeindlichen – Katharsis.«

(Die Weltwoche, Zürich, vom 17.5.1968)

Kaspar unter Sprachdruck. Peter Handkes erstes abendfüllendes Theaterstück, inszeniert...

... von Claus Peymann in Frankfurt (Peter Iden)

»Die Sätze, Wörter, Laute dieses Stücks beschreiben eine Leidenschaft. Die Leidenschaft des Menschen (sie ist auch seine verzweifelte Begabung), sich die Welt zu öffnen und anzuzeignen mit dem Instrument Sprache. Dies neue Stück Peter Handkes,

das abhebt von dem historisch nicht gesicherten Schicksal des rätselhaften Nürnberger Findlings Kaspar Hauser [...] wiederholt eine Reise, die unsere Reise ist: mit dem Vehikel der Sprache bewegt das Bewußtsein dieses Kaspar sich durch die Welt und kehrt bereichert zu sich selbst zurück. Bereichert? Je mehr Gegenstände, Geräusche, Bewegungen ihm verständlich werden, je mehr Welt dingfest gemacht wird in der Benennung ihrer Einzelheiten, um so mehr zeigt zugleich auch Sicherheit sich als Täuschung, Ordnung sich wieder als Unordnung. Triumph und Pleite, Last und Lust des Sprechenkönnens – und das heißt auch: des Vermögens zu denken – sind seit den großen Stücken des absurden Theaters nicht wieder als so elementare Erfahrungen auf der Bühne erschienen. [...]
Die Aneignung der Welt mit Hilfe von Wörtern mündet in eine faszinierende Metapher – Kaspar bringt Stuhl, Tisch und Sofa in ein (wohnliches) Verhältnis zueinander, zieht dann mit Kreide einen Kreis um das Arrangement. Das heißt: Er ist nun zu Hause in der Welt, die ihre Schrecken verloren hat, er hat sich eingerichtet. An diesem Punkt beginnt die Intrige, die Handke, durchaus im Sinne alter Theaterformen, in Gang setzt. Denn nun wird das Sprechendürfen ein Sprechenmüssen. Jetzt fordern die Einsager Anpassung. Die gefundene Ordnung, die zunächst als Befreiung erschien, weil sie das Unbekannte bekannt machte, erscheint jetzt als Zwang. Freiheit schlägt um in Repression [...].
Ein Stück also, das auf Sprache setzt und ihr zugleich mißtraut, sie auch denunziert als Mittel der Einschränkung. Wenn alles bekannt ist, fangen die Schwierigkeiten erst an. Ein Stück, das beobachtet, wie Wörter uns und unsere Verhältnisse auch dann noch bestimmen, wenn sie zu toten Mustern verkommen sind; wie sie so auch reglementieren, zwingen, in Unfreiheit halten. Damit steht dieses Stück auf der Höhe aktuellster, zeitgenössischer Kunstäußerungen. Es ist ohne die Ergebnisse der konkreten Poesie und der Happenings (vor allem der Arbeiten des Amerikaners George Brecht) nicht denkbar. Aber diese Formen entstanden außerhalb des Theaters. Handke bringt sie dem Theater ein. Das ist ein großes Verdienst.
Die Frankfurter Inszenierung von Claus Peymann im Theater am Turm, wo dieser Regisseur seinerzeit schon die ›Publikumsbeschimpfung‹ uraufführte, hat keineswegs alle Möglichkeiten gesehen, die das Stück der Bühne anbietet. Die Methode der Vereinzelung etwa, mit der Handke dem Kaspar die Welt beibringt, ist szenisch noch nicht gelöst. Da wären die Erfahrungen aus ästhetischen Manifestationen außerhalb des Theaters für die Bühne noch mehr zu berücksichtigen. Was Peymann indes wieder glänzend gelang, ist die Führung der Einsager. Die sich einschmeichelnden oder diktierenden Stimmen formen Klanggebilde von vehementer Schönheit. [...]
›Kaspar‹ wurde uraufgeführt am Tag des Sternmarsches der Gegner einer Notstandsgesetzgebung auf Bonn. Ein Zufall. Und doch hat Handke hier formuliert, worum es geht. Dies war auch ein Stück für diesen Tag. Frischs ›Biographie‹ und Weissens ›Vietnam-Diskurs‹ – konzentriert und überholt in einem Wurf. Ein Stück über uns.«

(Frankfurter Rundschau und Süddeutsche Zeitung vom 13.5.1968)

Wolf R. Redl als »Kaspar« in der Frankfurter Inszenierung von Claus Peymann
(Foto: Günter Englert)

Kaspar und seine bedrängenden Ebenbilder
oben: das Mikrofon als »rettender Strohhalm« in der Schlußszene der Frankfurter Inszenierung
unten: Kaspar (Ulrich Wildgruber) wird in der Oberhausener Inszenierung von Günter Büch allmählich vom Lärmterror mundtot gemacht
(Fotos: Günter Englert und Rudolf Holtappel)

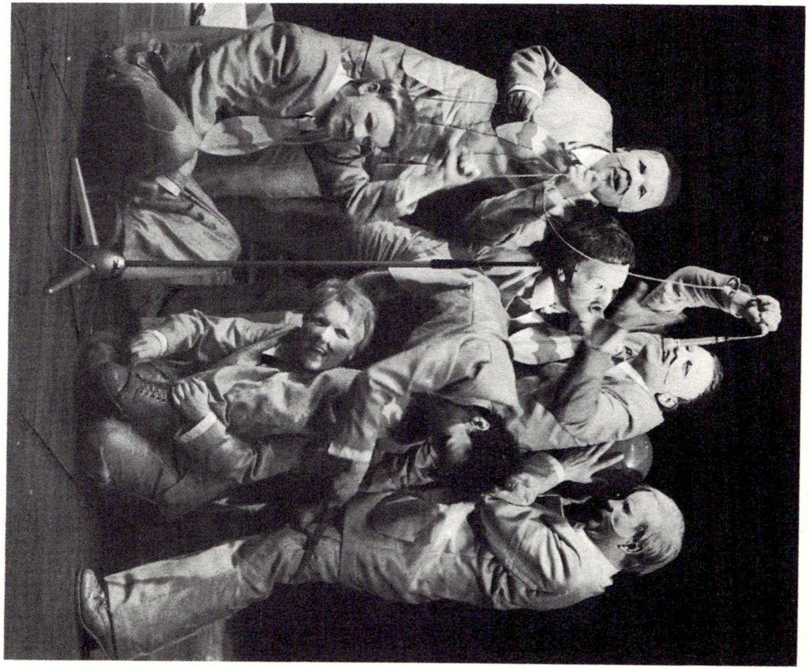

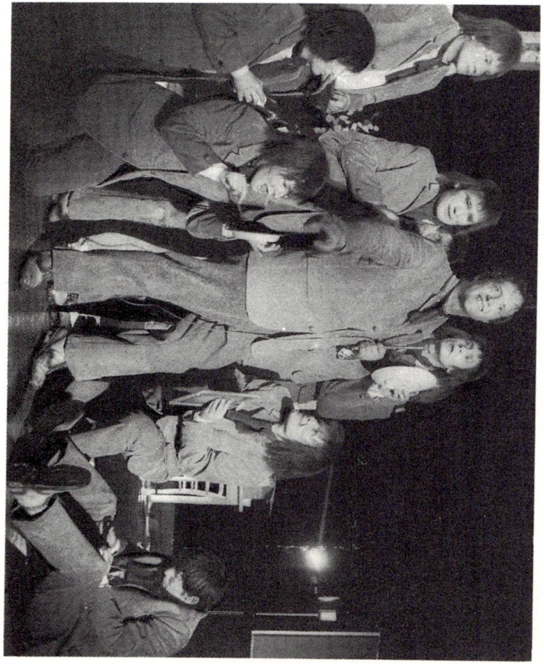

... von Günther Büch in Oberhausen (Heinrich Vormweg)

»[...] Es war ein faszinierender Theaterabend. Der anhaltende Beifall aus dem überfüllten Stadthallenauditorium zum Schluß, in dem einige Buhs eher wie Anreize klangen, noch lauter Bravo zu rufen, war verdient. So fade wie als Romancier, so einfallsreich, anregend provozierend ist Peter Handke als Stückeschreiber. Vermutlich liegt das daran, daß die direkte Verallgemeinerung von Teilerfahrungen im Roman fragwürdige, wenn nicht falsche Bedeutungen, im Theater aber Provokation erzeugt. Die Hypothese zum Beispiel, Sprache sei eine Ordnungs-, sprich: Unterdrückungsmacht, hat so lange Sinn, als sie noch nicht besagt, Sprache sei das ausschließlich. Im Theater gerät der Anspruch auf Ausschließlichkeit zur Provokation, weil die Verallgemeinerung als gespielt, die Hypothese indirekt weiterhin als Hypothese und nicht als der Weisheit letzter Schluß erscheint.
Interessant war, daß das Oberhausener Publikum den gelegentlich sehr tragödienhaft, sogar pathetisch angelegten Ablauf – Handke nimmt das Spiel offensichtlich todernst – zum Teil höchst amüsiert aufnahm, ohne doch, so schien es, die Sache mißzuverstehen. Das ist ein Effekt, der Handke als Stückeschreiber zugute kommt, ohne daß er ihn beabsichtigt hatte. Hinzu kommt, daß es im Theater nicht nur etwas zu hören, sondern auch etwas zu sehen gibt. In ›Kaspar‹ läßt Handke außer dem Haupt-Kaspar zehn weitere Kaspars auftreten – vervielfältigt also die Hauptfigur, schafft damit Möglichkeiten für Pantomime, für Verbildlichung und Kontrapunktierung. Das ist aufs überzeugendste entwickelt. Hinzu kam in Oberhausen, daß Günther Büch, ein überzeugender Handke-Regisseur, das Schau-Spiel prächtig inszeniert hatte. Die Lautsprecher funktionierten perfekt, die Pantomime hatte den passenden Pop-Akzent und der Haupt-Kaspar war mit Ulrich Wildgruber möglicherweise optimal besetzt. Wildgruber realisierte den Tölpel Kaspar zu Spielbeginn ebenso überzeugend wie den Sprech-Virtuosen zum Schluß, den Unterworfenen und Verfolgten, der zum Verfolger geworden ist. Zu einem beträchtlichen Teil geht der Erfolg dieser Inszenierung auf sein Konto.«

(Süddeutsche Zeitung vom 13.5.1968)

(Marianne Kesting)

»[...] Ich verstehe nicht, warum ein Regisseur wie *Günther Büch* so viele glänzende und überdies für die Interpretation entscheidende Inszenierungseinfälle seines Autors verschenkte oder überhaupt nicht berücksichtigte, um statt dessen in mäßigen Gags auf modische Beatle-Assoziationen und Pop-Anklänge zu reflektieren, auf die Handke nicht angewiesen ist.
Das Stück konfrontiert miteinander einen sprachlichen und einen pantomimischen Vorgang. Handkes Kaspar lernt auf der Bühne gehen und sprechen. Man hätte zur Einübung der Hauptrolle einen Mimen engagieren müssen, der die große Eingangspantomime bewältigt, in der Kaspar mühselig durch den Vorhang dringt, gehen lernt und mit der Welt der Gegenstände kämpft. In Oberhausen war sie, still und schlicht, verpatzt. *Ulrich Wildgruber,* der seine spätere Sprechrolle virtuos meister-

te, versagte als Mime, war aber auch mit seinen Problemen vom Regisseur im Stich gelassen.
Ich verstehe ferner nicht, warum man auf Kaspars Masken verzichtet hat, die zunächst einen verwunderten, dann, wenn er durch die ›Einsager‹ und ›Einflüsterer‹ der Umwelt angepaßt ist, einen ›glücklichen‹ Kaspar zeigen.
Ich verstehe nicht, warum das zweite, nun schon perfekte Auftreten Kaspars durch den Vorhang weggelassen war; warum das magische Auge über der Bühne fehlte, das jeweils die Sprechstärke anzeigen sollte, mit der die Stimmen auf Kaspar einredeten. Statt dessen sah man einen roten sinnlosen Lichtpunkt, dessen Bedeutung niemandem deutlich wurde.
Ich verstehe nicht, weshalb das kreischende und ruckweise Schließen des Vorhangs am Schluß so mißlang. Es handelt sich hier nicht um Nebensächlichkeiten. Der Vorhang spielt mit im Stück.
Kurzum: die pantomimischen und inszenatorischen Chancen waren verpaßt.
Dafür bekam man glänzende, streng rhythmisierte Sprechregie zu hören. Büch hatte das Publikum mit stereophonen Lautsprecheranlagen umstellt, durch die die Einsager mit einem Konzert von Sätzen, Rufen und Stimmen den Saal überfluteten und also nicht nur Kaspar manipulierten. [...]
Schon die reine Beschreibung dieses Vorgangs [Kaspars Erziehungsprozeß auf der Bühne] macht deutlich, daß das Ästhetische hier nicht auf sich selbst bezogen bleibt, sondern einen sozialen Vorgang als einen theatralischen darstellt. Das Thema Kaspar Hauser war eine Trouvaille, um neues Theater zu präsentieren.«

(Die Zeit vom 17.5.1968)

Modell einer Verwirrung (Hans Bertram Bock)

»[...] Für Peter Handke ist das Podest inzwischen nicht mehr allein eine Kanzel für Sprechübungen oder Publikumsbeschimpfungen. Sein Held Kaspar erlebt und erleidet eine Geschichte. Handke hat sich von der historischen Gestalt des Kaspar Hauser zu seinem synthetischen Kaspar animieren lassen, ihn wie eine 16jährige unverbildete, sprachenunkundige Figur auf die Bühnenwelt gestoßen. [...]

Unsichtbare Einpeitscher

Ein zehnschichtiges Oratorium, Halleffekte, Singsang oder Feldwebelton formen ihn zum Anpassungskaspar. Er avanciert zum würdigen Mitglied des Kaspar-Klubs. Seine Wortspiele können mit den Wortkaskaden seiner unsichtbaren Einpeitscher konkurrieren. Er hat seine Kleidung gewechselt und das Mobiliar dem Zeitgeschmack angepaßt. Er glaubt sich der Kaspar-Gesellschaft überlegen.
Da dringen zehn Kaspars mit Einheitsgesichtern in Konfektionskleidung in seine Behausung ein. Sie okkupieren jede Ecke, jeden Stuhl, die Diele und Schränke, drängen den Kaspar an die Rampe. Sie zwingen ihn zur Rekapitulation seines Lebens, zur Gewissenserforschung, treiben ihn zum Wahnsinn. Seine Irrsinnstirade gipfelt in der Erkenntnis: ›Ich bin nur zufällig ich.‹
Diese vielschichtige, kompositorisch faszinierend gebaute Partitur setzt *Günther Büch* effektvoll in Szene. Vor *Peter Heyducks* trefflich tiefschwarzer, reflektierender

Kaspar-Kulisse tummelt sich zwischen Neobarockvasen und Pop-Farben im Wohlstandsmuff und auf dem Versandhausteppich der Kaspar-Klüngel. Laufschriften über dem Bühnenportal akzentuieren und signalisieren den Auf- und Abbau der Sprache.
Günther Büch entfesselt die Szene. Sein hinreißend präzises Ensemble veranstaltet ein ohrenbetäubendes Fest. Mißklang und wohltuende Ruhe, Lachorgien und nervtötende Trommelfellmassage werden grandios serviert. Aktion und Sprache verschmelzen zu einer beispiellosen neuen Opernform. Da ist die Präsenz des Living-Theaters zu finden. Ein Monstrum, ein Urkaspar, eine aus zehn Leibern gebaute Menschenpyramide, rückte aus dem Dunkel auf den Kaspar an der Rampe zu. Sie werden ihn erdrücken und zum Zusammenbruch führen. [...]
In der Pause berieselte Büch sein Publikum im Foyer und Parkett mit Tonbandsalat: Lübke-Zitate, Brandt-Reden, Kriegslärm, Schützenfestmelodien waren mit Hitlers Polen-Parolen und Glockengebimmel montiert. Als der große Schlußbeifall verrauscht war, verfolgte der Schauspielersprechchor die Zuschauer mit Handke-Texten per Lautsprecher bis auf die Straße.«

(Münchener Abendzeitung vom 13.5.1968)

BREMER KAMMERSPIELE (25. Mai 1968)

Umkehrungen. Theater in Bremen: Eine »Kaspar«-Variante (Klaus Wagner)

»Die Bühnenleute in Bremen verstehen sich offenbar als Gegenfüßler zum Rest der Theaterwelt. Wo Kopfstehen (wie es aus anderer Perspektive erscheinen muß) derart Methode hat, ist Kniefälligwerden vor Opas Erbe die allerletzte Versuchung. Kurt Hübners und Peter Zadeks Bremer Klassiker-Inszenierungen zeigen das an, so sehr sich beide Regisseure auch unterscheiden. Diese permanente Revolte mit ihrer Tendenz zur Umkehrung überkommener Verhältnisse zieht auch das Frischgebackene, sei es ein neues Stück, sei es ein junger Spielleiter, in diesen Sog. Hans Neuenfels, der Handkes ›Kaspar‹ nach der Doppeluraufführung von Frankfurt und Oberhausen [...] auf die dritte Bühne bringt, wendet sich als Gast in Bremen denn auch sogleich ›gegen die bereits zum Modell gewordene Uraufführung‹. Aber was heißt hier, da es vor diesem Bremer Versuch noch kein Nachspielen gab, ›Modell‹? Warum spricht er nicht offener von der Gefahr, die von Handkes Doppeltext, das heißt von seinen umfänglichen Regieanweisungen, ausgehen kann?
Neuenfels spielt, nahezu, den Rollentext gegen diese Richtlinien aus. Solche Umkehrung, die für das Bremer Theater typisch ist, wird vom Regisseur gar zu treuherzig durch Raumnot erklärt, durch die Enge der Kammerspielbühne.
Für den Bremer ›Kaspar‹ ist ein Hauptrequisit, das Laufställchen, als einzwängendes, frustrierendes Gitterviereck symbolisch. Um diesen Kaspar, der auf der Kleinbühne nicht nur ein anfangs Sprachloser, sondern auch ein allzeit Bewegungsbehinderter ist, sind von Anfang an leibhaftig die Einsager versammelt, wie immer auch Neuenfels diese Leibhaftigkeiten zu bloßen Funktionsträgern wegzuinterpretieren versucht. Damit aber, mit dem angeblich lokalbedingten Verzicht auf die Schall-At-

tacken der Lautsprecher im ersten Teil, verkürzt sich Handkes Entwurf, verliert sein Kaspar eben doch Kennzeichen des Ausgesetzten einer präverbalen Existenz. Oder anders gesagt: Die Beschwörung McLuhans entfällt, dieses für ein heutiges, ein aus dem elektrischen Zeitalter stammendes Stück über Sprache und Manipulation durchaus nicht nebensächliche szenische Zitat einer Weisheit dieses Propheten: daß das Medium sowohl ›the message‹ sei als auch ›the massage‹, Informationsträger und Mittel der Manipulation (was McLuhans Wortspiel freilich sehr vereinfacht interpretiert). Wird dieser Einstieg, wie in Bremen, umgangen, dann ändert sich der Ansatz um eine entscheidende Spur.
Immerhin verhält sich Neuenfels konsequent. Sein Hauptspieler Volkert Kraeft – hager, mit einem Gesicht, das Dünnhäutigkeit anzeigt, als ein Gegentyp etwa zu dem Naturburschen Ulrich Wildgruber in Oberhausen –, Kraeft reagiert auf die ersten Zusammenstöße mit den nicht akustisch vermittelten, sondern kollektiv verkörperten Einsagern nicht erst apathisch, vielmehr verstört. Dieser Bremer Kaspar registriert im Stadium des Noch-Sprachlosen nicht die Reizwirkungen durch Beschallung. Er empfängt von Beginn an handgreifliche Aktivitäten seiner Umwelt, erfährt die höhergradige Tortur des Milieus.
Manfred Millers Spielraum: ein Studio aus weißen Kunststoffplatten, die Abwaschbarkeit versprechen, Kratzfestigkeit und Schalldichte – eine Beruhigungszelle aus Resopal, ein Resonanzkasten für die Schreckenskammermusik, wie die Bremer diese Sprachpartitur lesen. Schrank, Tisch, Stuhl und Schaukelstuhl sowie das Ställchen werden zwischen vier Scheinwerfern dauernd umarrangiert, zu erstaunlich phantasievollen Varianten von sado-masochistischem Spielmaterial, mit dem die Schauspieler halb ballettistisch, halb akrobatenhaft umgehen. Die Allgegenwärtigkeit der Einsager und ihre Handgreiflichkeiten aber setzen über den Ausgang solcher Informationsmassage von Beginn an ins Bild. Das Ergebnis solcherart Mitmenschwerdung wird in Bremen vorzeitig ausgespielt.
Der Verzicht auf Tonband und Lautsprecher zieht eine andere Abweichung nach sich. Neuenfels läßt ohne Pause durchspielen, was Handkes erstes abendfüllendes Stück in einer Fünfviertelstunde erledigt. Das ist im Rahmen dieser Variante, die den vorgeschriebenen Phasenablauf zusammenschiebt, gleichfalls folgerichtig und läßt doch den Schaden erkennen, den das Bremer Modell davonträgt. Es genügt nicht, Anpassung an die Einsager anzuzeigen durch grotesken Kleidertausch. Mit der Zäsur wird auch der Umschwung in diesem Anpassungsprozeß überspielt; die Fallhöhe zur Finaleinsicht ›Ich bin nur zufällig ich‹ bleibt zu gering.
Daß gutwillige Bremer Abonnenten sich am Schluß immer noch einmal ungläubig erkundigen, ob die Aufführung denn ganz bestimmt aus und zu Ende sei, spricht eben nicht gegen dieses Publikum und auch nicht gegen das Original dessen, was man in Bremen hört und sieht. Hinzu kommt die körperliche Strapaze vor allem des Kaspar-Spielers, wenn ihm die Erholungspause genommen wird. In Bremen wirkt der auf seine Spielart vortreffliche Volkert Kraeft schon lange vor Schluß wie aus dem Wasser gezogen. Und ähnlich ausgelaugt erreichen seine sprecherisch auf Präzision, darstellerisch fast auf Varietéreife getrimmten Mitspieler das Ende [...] – Dennoch: Handkes Jedermannspiel, das lehrt der Bremer Versuch, hält auch gerupft der

Anpassung an Kleinbühnen-Verhältnisse noch ausreichend stand. Diese Erfahrung ist mit der Verkürzung des originalen Konzepts vielleicht doch nicht zu teuer bezahlt.«

(Frankfurter Allgemeine Zeitung vom 11.6.1968)

BERLINER FORUM-THEATER (September 1968)

Handkes böses Erziehungsmodell unter dem Terror der Sprache. Das Forum-Theater zeigte eine brillante Aufführung des »Kaspar« (Horst Windelboth)

»Vorsicht vor dem Schreckenskabinett des Peter Handke! Im ersten Stock am Kurfürstendamm hat er seine Folterkammer aufgeschlagen: Theater der fetzenden Wortsalven und Satzeinpeitschungen. Nichts für matte, sanfte Gemüter!
Wer jedoch Handkes akustische, optische und sprachliche Höllenmartern überstanden hatte, erlebte eine der bravourösesten und wichtigsten Inszenierungen des Forum-Theaters. Vielleicht sogar beschert nun auch der sprachstolpernde ›Kaspar‹ dem Antidramatiker Peter Handke eine ähnliche Erfolgsserie wie seine ›Publikumsbeschimpfung‹ am gleichen Ort.
Verdient hätte er es – trotz aller Qualen...
[...] Diese ›Erziehung‹ entfaltet sich auf dem Nudelbrett des Forum-Theaters als terroristischer Dressurakt. Günther Büch, Handke-Spezialist, setzt für die sperrigen Handkeschen ›Sprachfolterungen‹ alle Mittel des totalen Theaters ein. Daß für ihn die Gleichung Kaspar – Publikum mit Lautsprecherattacken schon im hellen Parkett beginnt, gehört noch zum Handke-Programm.
Daß Büch auch in der Kunst der Stimmschattierungen, Wortkaskaden, Sinnfärbungen höchste Perfektion beweist, bestätigt nur den erfahrenen Sprach-Synchronisator. Daß er aber den Weg Kaspars vom lallenden Findling zum angepaßten und überwältigten Zeitgenossen an Kaspars sich allmählich modernisierendem Kostüm ablesbar macht, spricht für Büchs raffinierte szenische Phantasie.
Vollends jedoch erreicht sein Handke-Konzept die suggestivsten (wenn auch gelegentlich zu effektverliebtesten) Lösungen, wenn er Elemente des Living Theaters, des Stummfilms und der Flower-Power-Lichtspiele für seine Wortangriffe nutzbar macht.
Ein Flimmerspiel verwandelt die Bühne in einen brutal-quälenden Stummfilmalptraum. Eine Lärmorgie brandet gegen das Parkett an, wobei vier Kobolz schießende Einsager das Publium hyänengleich anbrüllen und der schreiende Kaspar förmlich das Mikrophon zu verschlucken droht. [...]
Der Schlußeinfall konfrontierte das Publikum mit sich selbst. Der Hintergrundsvorhang fiel, fünf gleichgekleidete Kaspars saßen mit dem Rücken zum Parkett und starrten in eine Glaswand. Den in ihr Spiegelbild schauenden Besuchern war der traditionelle Theaterschluß genommen. Ratlosigkeit breitete sich aus.
Die Darsteller brachten sich so um den verdienten großen Beifall, das Stück aber nicht um seine Wahrheit.«

(Berliner Morgenpost vom 17.9.1968)

NATIONALTHEATER MANNHEIM (November 1968)

Grandiose Clownerie blieb umstritten. Buh-Rufe und Beifall für Handkes »Kaspar« *(Wilhelm Ringelband)*

»[...] Andreas Gerstenberg gelang das Kunststück, nach der Frankfurter Uraufführung von Claus Peymann, die den agitatorischen Akzent des Monologs, denn das ist ›Kaspar‹ mehr als ein Stück, herausarbeitete, und dem furiosen Wort-Ballett, das Hans Neuenfels in Heidelberg choreographierte, jetzt in Mannheim wiederum von der Inszenierung her in den Bann zu schlagen. Denn der wirre Handke-Text läßt sich vielfach belichten, ist Anreiz für einen Regisseur zu fabulieren. Hob Peymann das Politische hervor und Neuenfels das Spielerische des Wortes, so brachte Gerstenberg Clowns-Melancholie. Politik ist in Mannheim fern, auch das sehr forcierte Tempo des Heidelberger Abends entfällt, obwohl Gerstenberg selbstverständlich die Einsager als Einpeitscher sprechen läßt. Doch dominierend beherrscht den Abend das weißgeschminkte, traurige Clownsgesicht Volker Spahrs als Titelfigur.

Der im Studio bestens erprobte Schauspieler bringt an diesem Abend sein Meisterstück zustande, denn glänzend erzeugte er Clowns-Fluidum und lädt die Figur, die er unerhört differenziert, mit unglaublicher Spannung auf. Seinetwegen ist der Abend sehenswert. [...] Schon beim Erscheinen fasziniert er: unendlich lang läßt ihn Gerstenberg stumm die Atmosphäre beschwören und anschließend in purer Artistik als der neugeborene Kaspar wie eine Marionette herumstolpern. Paul Walter hatte – die Guckkastenbühne ist beseitigt – eine asymmetrische, metallene Spielfläche geschaffen, auf der zwischen Spiegeln altes Mobiliar stand. Sehr heimisch sollte es nicht sein; der Gag, nach der Pause einen Gartenzwerg mit einer Sonnenblume hereinzubringen, unterstrich die persiflierende Wirkung.

Die Einsager-Stimmen kamen aus Lautsprechern, so hatte Kaspar etwas wie Gegenspieler. Handkes Methode, die Wirklichkeit zu belächeln und das als Tiefsinn verkaufen zu wollen, ist substanzlos. Auch den Menschen zu dumpf zu zeichnen, verfing hier nicht, denn Spahrs Kaspar hatte den Willen zur Behauptung. Grandios der pantomimische Abschluß, wenn Gerstenberg fünf andere Kaspars, ein tragikomisches Quintett, mit schlangenhaften Bewegungen wie Erinnyen den Kaspar einkreisen läßt und sie ihn unter sich begraben. Das Schlußwort ›Ich bin nur zufällig ich‹ klingt wie ein verzweifelter Schrei des erdrückten Kaspars. Gerstenberg hatte dem Vorgang allen politischen Bezug genommen, er hielt die Stilisierung als Clownerie bruchlos durch.

Die starken Buh-Rufe gegen Gerstenberg waren absurd und wohl an Handkes Adresse gerichtet, doch überwog der Beifall, der sich ungewöhnlich lange hielt, eindeutig. Für Volker Spahr Wogen der Begeisterung.«

(Trierischer Volksfreund vom 2.11.1968)

HAMBURGER ZIMMERTHEATER (November 1970)

Kaspar – der Schauspielschüler? Christoph Röthel inszenierte Handke im Zimmertheater (Mechthild Lange)

»Laut Peter Handkes Regieanweisungen sind die Einredner nicht sichtbar, ›ihre Stimmen kommen vielleicht vom Band‹. Hinter der Szene sprachen sie in Oberhausen, Peymann in Frankfurt steckte sie in den Souffleurkasten. In der Bremer Inszenierung von Hans Neuenfels wurden die Stimmen zu Personen, sie verübten an Kaspar handgreiflich drakonische Sprachfolter. Christoph Röthel im Zimmertheater hatte eine weitere Lösung parat. Er ließ sich von Hans Jürgen Baumhöfner über der Nahtstelle zwischen Bühne und Zuschauerraum unter der Decke einen Glaskasten anbringen, darin sitzen nebeneinander mit dem Rücken zum Publikum die fünf Einredner [...]. Sie bedienen gleichzeitig die Scheinwerfer, regeln das Spotlight, das Kaspars Bemühungen verfolgt. Auf den ersten Blick ein frappierender Einfall, auf den zweiten, das heißt im Laufe des Abends, ein unwirksamer. Die Beziehung zwischen Kaspar und den Einrednern ist nun weder eine konkrete, auf Aktion und Reaktion gestellte, noch eine anonyme, sondern zerrinnt in absolute Beziehungslosigkeit. Die Sterilität der gläsernen Beleuchtungsbrücke markiert die Sterilität der Aufführung. [...]

Röthel dehnt die Eingangsszene auf fast unerträgliche Weise. Bis die Einredner mit ihrer Indoktrination beginnen, vergehen mehr als dreißig Minuten. Röthel läßt nicht spielen, sondern zelebrieren. Er macht aus dem Sprechstück ein Lehrstück.

Die kargen aber deutlich vorhandenen Aktionsmöglichkeiten nutzt der Regisseur nicht. Auch Kaspars Entwicklung tritt kaum zutage. Bis zum Ende bleibt er eine eher statuarische Figur, bis zum Ende spricht er seine Sätze im gleichen monotonen skandierenden Tonfall, auch dann, wenn er ruhmrednerisch preist, was er gelernt hat. Vieles blieb uneinsichtig in dieser Inszenierung. Warum muß Kaspar am Ende des ersten Teils genau auf die gleiche Weise den Weg zurück durch den Vorhang gehen, den er gekommen ist? Warum entfiel die Konfrontation mit den anderen Kaspar-Figuren (ihre Auftritte wurden gestrichen)?

Insbesondere die Interpretation des zweiten Teils mutet seltsam an. Da Röthel die anderen Kaspar-Figuren im ersten Teil nicht eingeführt hat, kann er sie natürlich auch hier nicht gebrauchen. [...] Statt dessen holte Röthel die Einredner aus ihrem Glaskasten und placierte sie als maskiertes, puppenhaft agierendes Theaterpublikum in einen zweiten Zuschauerraum hinter den nun geöffneten roten Samtvorhang. Während Kaspars Schlußmonolog kriechen sie heran, zerren ihn zu sich ins Parkett. Auch Kaspar stülpt sich eine Maske über: er ist einer von ihnen. Denkt man von diesem Schluß folgerichtig zum Anfang zurück, dann war Kaspar also einer, der zufälligerweise vom Zuschauerraum auf eine Bühne gestolpert ist und lernt, wie man dort agiert. Ein Theaterspiel über Theaterspiel also. Wollte Kaspar Schauspieler werden? Eine Inszenierung, die Handkes Intentionen total verfehlt. Das Publikum schien am Ende entsprechend ratlos.«

(Die Welt, Hamburg, vom 9.11.1970)

ÖSTERREICHISCHE ERSTAUFFÜHRUNG, GRAZ (Oktober 1968)

In Österreich hielt man Spätlese. Graz: Handkes »Kaspar« auf der Probebühne und im Rundfunk (Ewald Cwienk)

»[...] Die von Handke mit Orff-Methodik (›Oh, hätt' ich meiner Tochter nur geglaubt‹) ostinater Wiederholungen von Formeln angestrebte Entlarvung der Manipulation des Menschen durch die Sprache hat auch in Graz bewundernde Interpreten und ironische Neinsager mobilisiert. Ohne Anspruch auf die Legitimation zu schiedsrichterlicher Funktion sei hier eine persönliche An-Sicht skizziert: Die Grundidee, zu demonstrieren, wie eine Mensch-Werdung durch die Sprache unter dem terroristischen Einfluß von ›Einsagern‹ in einer Ent-Persönlichung endet, wie aus dem hilflosen Einzelwesen eines in jeder Hinsicht unwissenden Stammlers ein noch hilfloserer Massenmensch wird, der, in Sprachschablonen hineingepreßt, nicht ein erkenntnis- und entscheidungsfähiger Wissender, sondern nur ein sprechdressierter Genormter geworden ist, erzwingt Interesse. Mich hat die originell-virtuose Methode des öffentlichen Anklägers Handke nicht über das allgemeine Interesse hinaus ›angerührt‹.

Dies mag seinen Grund zum Teil darin haben, daß Handkes Absicht, im Milieu eines ›schönen Theaters‹ den Prozeß gegen Geist- und Seelenmord durch Sprach- und Denkschemata so zu führen, daß das Tribunal zur Szene wird, mit der Grazer Inszenierung nicht perfekt verwirklicht werden konnte. Gerald Szyskowitz hat als intelligenter, d.h. als werk-einsichtiger Regisseur fungiert. Aber mit dem Abspulen des Tonbandes an sich guter, nur zu wenig differenzierter Sprecherstimmen – notabene: Handke selbst hält das Tonband für ein werkgemäßes Medium – wurde Kaspars unaufhörliche Bedrängnis durch die ›Einsager‹ nicht auch für die Hörer bedrängend. Ermüdend mögen auch die Mängel der Lautsprecheranlage gewirkt haben. Den Intentionen des Autors und den Instruktionen des Regisseurs entsprach mit großartiger, im ganzen und in jedem Detail faszinierender Leistung ein junger Schauspieler: Wolfram Berger, der mit innerlich gespannter Virtuosität von Sprache, Mimik und Gestik – zu bewundern war schon die imponierende Gedächtnissicherheit – die Demonstrationsfigur des Handke-Kaspar packend lebendig machte. Auf ihn konzentrierte sich denn auch der Beifall.

Für die Regie der Hörspielfassung war vom Studio Steiermark, das erstmals eine stereophonische Produktion – im Land selbst konnte sie leider nur monaural empfangen werden – ausstrahlte, Rudolf Kautek gewonnen worden, den die neue Intendanz der Grazer Bühnen nicht hätte ›auslassen‹ sollen. Die Möglichkeiten intensiver Studien- und Probierarbeit, die für den Regisseur der Bühnenaufführung nicht in annähernd gleichem Maß gegeben waren, sind von Rudolf Kautek exemplarisch genutzt worden: Vor allem für ein phonetisch brillant durchkomponiertes, akustische Dramatik suggerierendes ›Einsager‹-Quartett, durch dessen stimmliche und gedankliche Polyphonie die Zermürbung des Manipulationsobjekts Kaspar glaubhaft gemacht wird. Helmut Wlasak wirkt nicht so erlitten und erlebt wie Wolfram Berger, setzt aber intelligenzfundierte Charakterisierungsfähigkeit ein. [...]«

(Wiener Kurier vom 17.10.1968)

WIEN (Mai 1969)

Schizophrenie als theatralische Masche... (Fritz Koselka)

»Während so manche Autoren den Zuschauer nur mit ihren Stücken ermüden und langweilen, versteht dies Peter Handke sogar schon mit den eintönigen Präliminarien zu der Aufführung seines ›Kaspar‹ zu tun, mit der das Theater in der Josefstadt in seiner kleinen Dependance im Konzerthaus jetzt offenbar wieder eine Modeverpflichtung erfüllen zu müssen meint.
Schon die Wände an der Treppe, auf der man zu der Kellerbühne hinabgeht, sind mit ›lehrhaften‹ Sätzen und Satzfetzen bedeckt und auch die Wandflächen des Zuschauerraumes damit übersät. Zur Verstärkung der Masche geben je zwei Bildschirme zu den Seiten der offenen Bühne mit ihrem Krimskrams Ausschnitte aus dem Publikum, später dann Details von der Szene wieder. Aus einem Lautsprecher spulen sich monotone Beschreibungen des trostlosen Mobiliars und allerlei dramaturgische Hinweise ab. In Schrift und Ton wird einem eingehämmert: ›Die Zuschauer erleben keine Geschichte, sie sehen einen Theatervorgang.‹
Dieser beginnt damit, daß sich durch den Hintervorhang der Bühne ›Kaspar‹ hereinschiebt, eine plump- und leergesichtige Gestalt, halb Harlekin, halb Hanswurst. [...]
›Das Stück zeigt nicht, wie es wirklich ist oder wirklich war mit Kaspar Hauser‹, erläutert der hochgespielte junge Modeautor im Programmheft. [...] Eine ›Sprachfolter‹ könnte man es auch nennen, erklärt der Lautsprecher, und es wird da einerseits jemand *mit* der Sprache, aber mehr noch sie selbst gefoltert. Dabei bewegt sich der Autor mit seiner Vermengung von nihilistischer Hyperintellektualität und lallendem Stumpfsinn in unzähligen Wortspielen und -spielereien absurdistischer Art schon im Gebiet der Psychopathie.
Der Kursus an ›Kaspar‹, bei dem dieser durch Sprachfindung aus seiner Hilflosigkeit zur Welt findet, aus der er aber doch wieder herausfällt, wird durch Stimmen unsichtbarer Personen bewirkt. In diesem typischen ›Stimmenhören‹ haben wir schon ein Kardinalsymptom der Schizophrenie vor uns, deren Symptomkreis gestörter Beziehungen zur objektiven Wirklichkeit, zur Sprache, zum Ichbewußtsein (›Ich bin nur durch Zufall ich!‹) und zur immer wieder ironisierten Ordnung aller Art der Psychiater hier wohl jedoch über seine geistige Öde dennoch nicht hinwegtäuschen kann, in Szene gesetzt ist. Daß Peter Matić eine Bravourleistung bietet, die ebenso schwer wie anstrengend ist. Menschen, die im Theater eine Stätte des Geistes erblikken, sehen es aber ungern wieder einmal zum Irrenhaus verwandelt. Damit soll es als grausige ›Hetz‹ offenbar auch für jenen anarchistischen, psychisch sehr gefährdeten Teil der Jugend attraktiv gemacht werden, der einer echten Sichtung und konstruktiven modernen Weiterentwicklung kultureller Werte unfähig ist und daher in einer allzu langen pubertären Trotz- und Aggressionshaltung nur platten Hohn für alles hat. Aber wie weit sollen die Konzessionen und Förderungen in dieser Richtung noch führen?«

(Wiener Zeitung vom 18.5.1969)

LONDONER ERSTAUFFÜHRUNG (9. Februar 1973)

Fehlerhaftes Spiel in (einer) Parabel über Worte (J.H.)

»Der Mensch ist ein Spielball der Sprache. Worte bedingen ihn und machen ihn zum Sklaven. Klären sie einerseits sein Denken, so verhexen sie andererseits seinen Verstand. Dies ist die Lehre des ›Kaspar‹, einem Parabelstück des anerkannten jungen Dramatikers Peter Handke.
Es ist intelligent inszeniert, aber schlecht gespielt in der Produktion von Robert Walker im ›Almost Free Theatre‹, Soho. Gabriella Falks Bühnenbild, scharf und grell wie ein Joan Miró, evoziert die verlumpte Kinderkrippenwelt, in der Kaspar zum Bewußtsein kommt.
Körperlose Stimmen beginnen mit Kaspars Erziehung. Sie lehren ihn, daß Worte ihm helfen können, sich zu schützen, indem sie sich zwischen ihn und die furchterregende Wirklichkeit schieben. Sehr bald formuliert der Clown Sätze und wird des Denkens fähig.
Dann die zweite Lektion: die Stimmen erziehen ihn zu Ordnung und Anpassung. Kaspar räumt mit dem Wirrwarr auf, den er angerichtet hat. ›Alles, was ich beim Namen nennen kann‹, sagt er, ›ist nicht mehr unheimlich‹. Die Stimmen fahren fort, sein Gehirn mit Sprichworten, Klischees und Schlagwörtern vollzustopfen. Solchermaßen indoktriniert wird Kaspar still und dienstbeflissen.
Aber sobald er sich von anderen, identischen Kaspars umringt sieht, revoltiert der kleine Clown. Die Worte, die zwischen ihm und der Realität stehen, haben seine Identität zerstört. Die Sprache zerfällt ihm in Teile [incoherence].
Die unerträgliche Tautologie von Handkes Stück hat einen Gedanken, der eine Stunde wert ist, über zwei Stunden gespannt. Unglücklicherweise spielt Henry Woolf den Clown mit einer wissenden unveränderlichen Bewußtheit, die nicht Unschuld, keinen Anfänger suggeriert, sondern eher an einen überhaupt nicht komischen Onkel auf einem trübsinnigen Kinderfest erinnert.«

(The Daily Telegraph vom 10.2.1973; Übersetzung von mir, R.V.)

NEW YORKER ERSTAUFFÜHRUNG (21. Februar 1973)

Kaspar in Brooklyn... (Sabina Lietzmann)

»Nach dem ›Ritt über den Bodensee‹ hat Regisseur Carl Weber jetzt seine zweite Handke-Inszenierung in New York vorgestellt. Im Chelsea-Theater, einer kleinen Bühne im dritten Stock der Brooklyn Academy of Music, hat er ›Kaspar‹ einstudiert. Ausstattung und Bühnenbild hat Wolfgang Roth besorgt. Damit haben sich zwei ehemalige Brecht-Mitarbeiter des Autors angenommen, den ein amerikanischer Kritiker ›Europas neues Enfant terrible‹ genannt hat.
Der Erfolg, der kritische jedenfalls, ist nicht ausgeblieben. Schon der ›Ritt über den Bodenseee‹, New Yorks erste Begegnung mit Peter Handke, dem Dramatiker, hatte in Webers Inszenierung am Lincoln Center die Kritiker beeindruckt. Obgleich er

das Stück nicht verstanden habe, schreibt der Rezensent der New York Times, habe er sich keinen Augenblick gelangweilt. Diese zweite Produktion überzeugt den gleichen Kritiker, Clive Barnes, daß Handke unter die ›bedeutendsten jungen Dramatiker unserer Zeit‹ zu rechnen sei. Den schleichenden Verdacht, daß Handke sich in seinen Stücken vielleicht über sein Publikum lustig machen, daß er es ernsthaft und bemüht an der Nase herumführen könne, scheint ›Kaspar‹ endgültig beschwichtigt zu haben. Handke sei ebenso ernst zu nehmen wie Jackson Pollock oder wie Merce Cunningham: ›The man is an original artist‹, schließt die New York Times.
Das Blatt sieht die Titelfigur als einen ›Petruschka für unsere Zeit‹ und das Stück als ›seltsam chaotisch, nie ganz unterhaltend, aber doch anregend und provozierend‹. Die Produktion am Chelsea-Theater sei ›aggressiv avantgardistisch‹, eine Aufführung für Leute, die mehr an der Zukunft als an der Vergangenheit des Theaters interessiert seien.
Ungeduldiger zeigt sich der Kritiker der New York Post, der die Grundidee des Stückes so formuliert: ›Am Anfang war die Abwesenheit des Wortes, o seliges Eden, und jedes Wort seither hat zum Niedergang des Menschen beigetragen.‹ Diese Idee, schreibt Kritiker Jerry Tallmer, sei durch Wiederholung bis zum Überdruß totgeritten. Es sei frühzeitig im Stücke klar, worauf Handke hinauswolle, er treibe es dem Publikum indessen mit dem Holzhammer ein.
Webers Inszenierung hält sich getreuer als in jedem Falle nötig an Handkes strikte szenische Anweisungen. Ihre Leistung besteht vor allem darin, junge, im Handke-Stil total unerfahrene Schauspieler zu einer spannungsreichen und für Handkes Idee transparenten Aufführung gebracht zu haben. Dies gilt vor allem für Christopher Lloyds Kaspar, aber auch für die vier anderen Kaspare, die im ersten Teil als Fernsehtechniker Kaspars Eintritt in die vokale Existenz aus dem Bühnenhimmel durch Mega- und Mikrophone dirigieren.
Wolfgang Roth hat das Stück in einen bewußt technisierten Rahmen gestellt. Kaspars bürgerlich gute Stube ist von Filmgestänge umgeben. Die ganze Bühne ist von Fernsehapparaten eingerahmt, auf deren Bildschirmen die Aktion auf der Bühne teils begleitet, teils wiederholt wird. Kaspars Gesicht erscheint im Ausschnitt und in Großaufnahme; technische Chiffren und optische Muster, auch Köpfe der wörterproduzierenden Umwelt flackern auf den Schirmen auf, reflektierend, provozierend, Verwirrung stiftend.
Niemand kann klagen, daß Handkes Botschaft in Brooklyn nicht deutlich würde.«

(Frankfurter Allgemeine Zeitung vom 22.2.1973)

SCHWEIZER NEUINSZENIERUNG, BERN (Oktober 1975)

Hinter dem Klischeegitter der Wörter. »Kaspar« von Peter Handke im Kleintheater, Kramgasse 6 (fz)

»[...] In seiner Inszenierung hat Erwin Völger das von wissenschaftlicher Schärfe geprägte Stück durch Sprechdifferenzierung und Sprechdisziplin zu einem tempogela-

denen ›Dialog‹ gestaltet und sich damit von der intellektuellen Kälte der Vorlage zugunsten der Dramatik entfernt. Es scheint fast, als müßte die Regie die Bühne gegen Handke und seine extremen Anweisungen verteidigen, indem sie dem Publikum durch geschicktes Betonen einzelner Klischees kleine ins Humoristische spielende Griffe anbietet, ihm die Möglichkeit der Ortung zwischen Kaspar (auf der Bühne) und den Einsagern (im Rücken) gibt. Halbmasken verstärken nicht allein die Anonymität der Sprachträger, sie geben auch der pantomimischen Seite der Inszenierung mehr Gewicht.
Glänzend bewährt hat sich der Einfall, Kaspar durch Janet Haufler zu besetzen. Die in Bern bereits bekannte Schauspielerin verfügt über jene Ausstrahlung und jene sprachlichen Wandlungsmöglichkeiten, derer es bedarf, um den gewaltigen Sologang durchzusetzen. Der Weg vom Sprachlosen zum Sprachbe- und -gefangenen, Aufstieg und Fall der Bildung, erhält durch sie eine nervige artistische, doch stets auch menschliche Verkörperung, die ja für Handke als Gewinn des Szenischen im ›Kaspar‹ neu und bedeutungsvoll ist. Das junge Quartett der Einsager und Kaspars bewältigt seine Aufgabe vor allem durch Geschlossenheit der Darstellung und durch saubere, reich modulierte Sprechweise. Eine erfreuliche Berner Erstaufführung eines pessimistischen Zeitstücks.«

(Der Bund, Bern, vom 11.10.1975)

6 Zeittafel: Peter Handke

1942	in Griffen/Kärnten geboren
1944 – 1948	in Berlin. Anschließend Besuch der Volksschule in Griffin
1954 – 1959	Internatsschüler des humanistischen Gymnasiums in Tanzenberg; danach bis 1961 in Klagenfurt
1961 – 1965	Studium der Rechtswissenschaften in Graz
1963 – 1964	*Die Hornissen,* Roman (Graz, Krk/Jugoslawien, Kärnten)
1965	Abbruch des Studiums
1964 – 1965	*Sprechstücke* (Graz). Verheiratung mit Libgart Schwarz. Umzug nach Düsseldorf
1963 – 1966	*Begrüßung des Aufsichtsrats,* Prosatexte (Graz, Düsseldorf)
1965 – 1966	*Der Hausierer,* Roman (Graz, Düsseldorf)
1967	*Kaspar,* Theaterstück (Düsseldorf) Gerhart-Hauptmann-Preis
1968	*Das Mündel will Vormund sein,* Stück (Düsseldorf)
1965 – 1968	*Die Innenwelt der Außenwelt der Innenwelt,* Gedichte (Graz, Düsseldorf). Umzug nach Berlin. Geburt der Tochter Amina
1969	*Die Angst des Tormanns beim Elfmeter,* Erzählung (Berlin, Basel). Umzug nach Paris
1968 – 1970	*Hörspiele* (Düsseldorf, Berlin, Paris)
1970	*Chronik der laufenden Ereignisse,* Fernsehfilm/Film (Paris) *Der Ritt über den Bodensee,* Stück (Paris)
1971	*Der kurze Brief zum langen Abschied,* Erzählung (Köln). Umzug nach Kronberg
1967 – 1972	*Ich bin ein Bewohner des Elfenbeinturms,* Aufsätze (Düsseldorf, Berlin)
1972	*Wunschloses Unglück,* Erzählung (Kronberg) Peter-Rosegger-Literaturpreis Schiller-Preis der Stadt Mannheim
1973	*Die Unvernünftigen sterben aus,* Stück (Kronberg). Umzug nach Paris. Trennung von Libgart Schwarz *Falsche Bewegung,* Filmerzählung (Venedig) Georg Büchner-Preis
1972 – 1974	*Als das Wünschen noch geholfen hat,* Aufsätze, Gedichte (Kronberg, Paris)
1974	*Die Stunde der wahren Empfindung,* Erzählung (Paris)
1976	*Die linkshändige Frau,* Erzählung (Paris)
1975 – 1977	*Das Gewicht der Welt. Journal* (Paris)
1978	Prix Georges Sadoul
1978 – 1979	*Langsame Heimkehr,* Erzählung (Amerika und Europa)
1979	Umzug nach Österreich

Kafka-Preis anläßlich des Kafka-Symposiums »Kunst und Prophetie« der Stadt Klosterneuburg, erstmals verliehen an Peter Handke, vom Autor weitergegeben an die Autoren Gerhard Meier und Franz Weinzettl

1980 *Die Lehre der Sainte-Victoire,* Erzählung (Salzburg)
Das Ende des Flanierens, Aufsätze, Gedichte

1981 *Kindergeschichte,* Erzählung (Salzburg)
Über die Dörfer. Dramatisches Gedicht (Salzburg)

1982 *Die Geschichte des Bleistifts,* Journal (Paris, Salzburg)

1983 *Die Phantasien der Wiederholung,* Journal (Salzburg)
Der Chinese des Schmerzes, Erzählung (Salzburg)

7 Literaturverzeichnis

1. Textausgaben

Kaspar. Frankfurt/Main: Suhrkamp 1967

Kaspar. Frankfurt/Main: Suhrkamp 1967 (edition suhrkamp 322) [in der vorliegenden Arbeit wird nach dieser Ausgabe zitiert]

Stücke 1. Frankfurt/Main: Suhrkamp 1972 (enthält »Vorbemerkung« Handkes, Publikumsbeschimpfung, Weissagung, Selbstbezichtigung, Hilferufe, Kaspar und im Anhang Bemerkungen Handkes zu den Sprechstücken) [zit. als: Stücke 1]

2. Aufsätze, Reden, Gespräche (Auswahl)

Ich bin ein Bewohner des Elfenbeinturms. Frankfurt/Main: Suhrkamp 1972 (Aufsätze, Feuilletons) [zit. als: Elfenbeinturm]

Als das Wünschen noch geholfen hat. Frankfurt/Main: Suhrkamp 1974 (Gedichte, Aufsätze, Texte, Fotos)

Das Ende des Flanierens. Frankfurt/Main: Suhrkamp 1980 (Gedichte, Aufsätze, Reden, Rezensionen)

Joseph, Arthur: Gespräch mit Peter Handke. In: *ders.*, Theater unter vier Augen. Köln, Berlin 1969, S. 27 – 39 (zit. als: Joseph/Handke)

Linder, Christian: Die Ausbeutung des Bewußtseins. Gespräch mit Peter Handke. In: *ders.*, Schreiben & Leben. Köln 1974 (zit. als: Linder/Handke)

Durzak, Manfred: Für mich ist Literatur auch eine Lebenshaltung. Gespräch mit Peter Handke. In: *ders.*, Gespräche über den Roman. Frankfurt/Main 1976, S. 314 – 343

Arnold, Heinz Ludwig: Gespräch mit Peter Handke. In: Text + Kritik 24/24 a (1976), S. 15 – 37

3. Monographien und Sammelbände (Auswahl)

Durzak, Manfred: Peter Handke und die deutsche Gegenwartsliteratur. Stuttgart, Berlin 1982

Fellinger, Raimund (Hg.): Peter Handke. Frankfurt/Main 1983 (suhrkamp taschenbuch materialien 2004)

Heintz, Günter: Peter Handke. Stuttgart 1971 (Der Deutschunterricht, Beiheft II zu Jahrgang 23, 1971)

Hern, Nicholas: Peter Handke. New York 1971

Jurgensen, Manfred (Hg.): Peter Handke. Ansätze, Analysen, Anmerkungen. Bern, München 1979 (Queensland Studies in German Language and Literature, Bd. 7)

Mixner, Manfred: Peter Handke. Kronberg 1977

Nägele, Rainer/Voris, Renate: Peter Handke. München 1978

Pütz, Peter: Peter Handke. Frankfurt/Main 1982

Scharang, Michael (Hg.): Über Peter Handke. Frankfurt/Main 1972

Schultz, Uwe: Peter Handke. Velber 1973

Text + Kritik 24/24 a (1976): Peter Handke

Thuswaldner, Werner: Sprach- und Gattungsexperiment bei Peter Handke. Praxis und Theorie. Salzburg 1976

Wellershoff, Irene: Innen und Außen. Wahrnehmung und Vorstellung bei Alain Robbe-Grillet und Peter Handke. München 1980

4. *Zu »Kaspar« (Auswahl)*

Angermeyer, Hans Christoph: Zuschauer im Drama. Brecht – Dürrenmatt – Handke. Frankfurt/Main 1971

Batt, Kurt: Leben im Zitat. Notizen zu Peter Handke. In: *ders.*, Revolte intern. Betrachtungen zur Literatur in der Bundesrepublik Deutschland. München 1975, S. 208 – 228

Blanke, Mechthild: Zu Handkes ›Kaspar‹. In: Über Peter Handke, hg. v. *Michael Scharang.* Frankfurt/Main 1972, S. 256 – 294

Dixon, Christa K.: Peter Handkes ›Kaspar‹: ein Modellfall. In: German Quarterly 46 (1973), S. 31 – 46

Franke, Hans-Peter: ›Kaspar‹ von Peter Handke. Versuch einer literatursoziologischen Interpretation. In: Der Deutschunterricht 5, 1971 , S. 15 – 23

Gilman, Richard: Peter Handke. In: *ders.*, The Making of Modern Drama. New York 1974, S. 267 – 288

Hill, Linda: Obscurantism and Verbal Resistance in Handkes Kaspar. In: The Germanic Review 52 (1977), S. 304 – 315

Hinderer, Walter: Wittgenstein für Anfänger? Anmerkungen zu Peter Handkes linguistischem Theater. In: Jahrbuch der deutschen Schillergesellschaft 26, 1982, S. 467 – 488

Kesting, Marianne: Peter Handke – Die Sozialwelt als Platitüde. In: *dies.*, Panorama des zeitgenössischen Theaters. München 1969, S. 341 – 346

Mayer, Hans: Kaspar, der Fremde und der Zufall. In: Text + Kritik 24/24 a (1976), S. 32 – 44

Nägele, Rainer: Peter Handke. Aspekte eines experimentellen Theaters. In: Colloquia Germanica 14 (1981), Nr. 3, S. 220 – 228

ders.: Das Unbehagen in der Sprache. Zu Peter Handkes ›Kaspar‹. In: Basis 6, 1976, S. 78 – 96

Sebald, Winfried Georg: Fremdheit, Integration und Krise. Über Peter Handkes Stück Kaspar. In: Literatur + Kritik 93, 1975, S. 152 – 158

S[trauß], B[otho]: Anläßlich ›Kaspar‹. In: Theater heute, Sonderheft 1968, S. 68

ders.: Peter Handkes Drinnen- und Draußenwelt. In: Theater heute 7, 1969, S. 4

Valentin, Jean-Marie: Handke: théâtralité pure et langage dramatique. In: Austriaca 2, 1976, S. 125 – 143

Walser, Martin: Über die neueste Stimmung im Westen. In: *ders.*, Wie und wovon handelt Literatur. Frankfurt/Main 1973, S. 7 – 41

5. *Studien zum Theater der Nachkriegszeit und zur experimentellen Literatur (Auswahl)*

Heißenbüttel, Helmut: Zur Tradition der Moderne. Aufsätze und Anmerkungen 1964 – 1971. Neuwied, Berlin 1972

Hinck, Walter (Hg.): Handbuch des deutschen Dramas. Düsseldorf 1980

ders.: Von der Parabel zum Straßentheater. Notizen zum Drama der Gegenwart. In: Gestaltungsgeschichte und Gesellschaftsgeschichte, hg. v. *Helmut Kreuzer*, zusammen mit *Käte Hamburger.* Stuttgart 1969, S. 583 – 603

Hüfner, Agnes: Straßentheater. In: Das deutsche Drama vom Expressionismus bis zur Gegenwart, hg. v. *Manfred Brauneck.* Bamberg 1977, S. 334 – 343

Kesting, Marianne: Das deutsche Drama vom Ende des Zweiten Weltkriegs bis Ende der sechziger Jahre. In: Deutsche Gegenwartsliteratur, hg. v. *Manfred Durzak.* Stuttgart 1981, S. 107 – 136

Konkrete Poesie I und II. Text + Kritik 25 (1970) und 30 (1975)

Kreuzer, Helmut/Seibert, Peter (Hg.): Deutsche Dramaturgie der Sechziger Jahre. Tübingen 1974

Laemmle, Peter (Hg.): Realismus – welcher? München 1976

Laemmle, Peter/Drews, Jörg (Hg.): Wie die Grazer auszogen, die Literatur zu erobern. München 1975

Nägele, Rainer: Die Arbeit des Textes: Notizen zur experimentellen Literatur. In: Deutsche Literatur in der Bundesrepublik seit 1965, hg. v. *P.M. Lützeler, E. Schwarz.* Königstein/Ts. 1980, S. 30 – 45

Rühm, Gerhard (Hg.): Die Wiener Gruppe. Reinbek 1967

Schreiber, Ulrich: Dramatik in der Bundesrepublik Deutschland und Österreich. In: Handbuch des deutschen Dramas, hg. v. *Walter Hinck.* Düsseldorf 1980, S. 465 – 481

Szondi, Peter: Versuch über das Tragische. Frankfurt/M. ²1964

6. *Zu Kaspar Hauser (Auswahl)*

Anselm Ritter von Feuerbach. Kaspar Hauser. Beispiel eines Verbrechens am Seelenleben des Menschen. Ansbach 1832

Hörisch, Jochen (Hg.): Ich möchte ein solcher werden wie... Materialien zur Sprachlosigkeit des Kaspar Hauser. Frankfurt/Main 1979

Theisz, Reinhard D.: Kaspar Hauser im 20. Jahrhundert. In: German Quarterly 49 (1976), Nr. 1, S. 168 – 180